江西财经大学江西省生态文明制度建设协同创新中心资助出版
国家自然科学基金项目（41361111）

经济管理学术文库·管理类

# 江西土地利用生态安全研究

## Study on Ecological Security of Land Use in Jiangxi Province

### 谢花林　何亚芬／著

经济管理出版社
ECONOMY & MANAGEMENT PUBLISHING HOUSE

图书在版编目（CIP）数据

江西土地利用生态安全研究/谢花林，何亚芬著. —北京：经济管理出版社，2017.12
ISBN 978-7-5096-5542-9

Ⅰ.①江⋯　Ⅱ.①谢⋯②何⋯　Ⅲ.①土地利用—生态安全—研究—江西
Ⅳ.①F321.1　②X321.256

中国版本图书馆 CIP 数据核字（2017）第 306300 号

组稿编辑：杨国强
责任编辑：杨国强　张瑞军
责任印制：黄章平
责任校对：张晓燕

出版发行：经济管理出版社
　　　　　（北京市海淀区北蜂窝 8 号中雅大厦 A 座 11 层　100038）
网　　　址：www. E-mp. com. cn
电　　　话：（010）51915602
印　　　刷：三河市延风印装有限公司
经　　　销：新华书店
开　　　本：720mm×1000mm/16
印　　　张：12.25
字　　　数：216 千字
版　　　次：2017 年 12 月第 1 版　2017 年 12 月第 1 次印刷
书　　　号：ISBN 978-7-5096-5542-9
定　　　价：68.00 元

# 前　言

　　土地利用是指人类根据自身的需要，在一定的经济和技术条件约束下，通过各类手段对土地的自然属性加以开发和利用的一个动态过程，伴随这一过程的是相应生态系统甚至整个全球生态系统的变化，土地利用的变化导致生态系统结构和功能的变化，最终可能引发生态安全问题。无论是国际土地利用，还是国内土地利用，在过去的50年间，由于人类干扰的加剧，都经历了巨大的变化，并且其变化速度超过了人类历史上的任何时期。20世纪80~90年代，由于对经济增长的渴求导致土地的盲目开发利用，过去十几年在缺乏自然生态保护观念下形成的单纯耕地保护理念的驱动下以及在建设用地需求快速扩张、工业化大潮席卷的推动下，人类对自然生态系统的侵占以及干扰广度和强度增加，我国正面临着水旱灾害频繁、水土流失严重、荒漠化扩张、水体污染加剧、外来物种入侵、关键生态用地消失以及生物多样性丧失等生态问题，这些严重影响了我国社会经济的可持续发展，阻碍了和谐社会的构建，减缓了我们追梦的步伐。我们迫切需要科学合理的土地利用格局以保障关键生态用地和人类社会生产生活用地的总体平衡，在满足人类社会对土地资源基本需求的前提下，保护好关键生态空间，促进自然生态环境改善，提供基本的生态资源，这是关系到我们当今以及未来福祉的千秋大业。

　　在中共十九大报告中，习近平总书记指出："我们要坚持人与自然和谐共生。建设生态文明是中华民族永续发展的千年大计。必须树立和践行绿水青山就是金山银山的理念，坚持节约资源和保护环境的基本国策，像对待生命一样对待生态环境，统筹山水林田湖草系统治理，实行最严格的生态环境保护制度，形成绿色发展方式和生活方式，坚定走生产发展、生活富裕、生态良好的文明发展道路，建设美丽中国，为人民创造良好的生产生活环境，为全球生态安全作出贡献。"生态安全不应只是理论上的探讨，我们需要付诸实践，从问题的根源出发，在土地总量有限、生态环境脆弱的现实情况下，在土地利用过程中，如何使经济社会发展与自然相协调，如何保护好具有关键性生态功能的土地资源，对于提升生态文明建设，保障区域乃至全球的生态安全，为人类提供更多生态福祉，具有重要的理论与现实意义。

本书选择江西省（部分研究选择鄱阳湖生态经济区）为研究对象，借助景观生态学理论，利用遥感和地理信息系统手段与空间统计学等方法，对江西省的土地利用景观格局变化进行了分析，探讨了江西省生态景观结构和动态特征的演变规律。在此基础上，进一步深化研究江西省最重要的生态用地——林地的破碎化模式及其演变趋势，并分析了林地干扰。

本书共九章，各章节的主要内容如下：

第一章　绪论。首先，介绍了本书的研究背景与研究意义。其次，对国内外相关的研究文献进行了系统的梳理与评价。最后，在此基础上阐述了本书的研究目的、研究内容和研究方法。

第二章　土地利用生态安全的基础理论研究。首先，在阐述景观生态学理论的基础上，归纳了景观生态学的主要原理。其次，在阐述人地关系理论的基础上，详细分析了人类活动的强度与地理环境关系演化的几个阶段和发展模式。再次，在阐述系统论和控制论基本观点的基础上，解释了综合生态系统管理理论的内涵，归纳了该理论的特征和原则。复次，详细阐述了生态经济学理论及其基本原理，重点对生态经济系统的演化机制理论做了解释说明。最后，基于可持续发展理论，详细阐述了土地利用与农业可持续发展、城镇化建设与生态环境保护的关系。

第三章　研究区概况。从行政区划、自然条件、土地利用情况以及社会经济状况等方面对研究区进行概述。

第四章　江西省生态景观格局动态变化分析。从景观格局动态度分析、景观类型转移概率矩阵、景观类型转入/转出贡献率和景观格局指数分析四个方面重点分析江西省的生态景观（林地和湿地）格局的时空动态变化的规律。

第五章　江西省林地变化的驱动因素及森林破碎化研究。首先，分析了江西省的林地利用变化，运用 Logistic 回归模型从社会经济因素、区位因素和气候、土壤、地形等自然因素揭示了研究区林地变化背后的原因。其次，从非传统的景观格局角度用森林景观破碎指数分析评价江西省的森林破碎格局及其干扰模式。

最后，基于上述分析提出了一些有针对性的政策建议。

第六章　鄱阳湖生态经济区关键性生态空间辨识。以自然生态环境脆弱的鄱阳湖生态经济区作为研究区，基于 RS 和 GIS 等相关空间信息技术，通过生态系统服务功能重要性评价和生态系统敏感性评价方法，因地制宜地选取了相应的评价指标，以栅格为单元辨识了鄱阳湖生态经济区的关键性生态空间。研究结果显示，鄱阳湖生态经济区关键性生态空间大约占区域总面积的一半，而在现状土地利用生态安全冲突分析中，有 14.29% 的耕地、9.31% 的建设用地处于关键性生态空间内。最后针对不同关键性生态空间提出相应的政策建议，以便更好地保护区域生态环境。

第七章　鄱阳湖生态经济区生态安全预警机制研究。运用元胞自动机（CA）模型模拟了鄱阳湖生态经济区在自然发展情景下的土地利用格局，将上一章区域关键性生态空间与未来土地利用变化格局相结合，构建区域土地利用生态安全的预警机制。

第八章　鄱阳湖生态经济区土地利用可持续性水平测度分析。根据土地利用的可持续性特征，从压力、状态、响应三个方面选取了 14 个指标，构建了土地利用可持续性评价指标体系和综合评价模型，对鄱阳湖生态经济区 31 个县（市）进行了评价。研究结果表明，鄱阳湖生态经济区土地利用可持续性水平总体评价结果有所提升。评价结果基本上反映了当地土地利用可持续性的变化状况。

第九章　研究结论和展望。全书的总结和研究展望。

生态系统研究本身极为复杂，涉及众多学科的理论和方法，本书所涉及的研究内容仅仅是土地利用生态安全研究的粗浅层面。特别是其理论和方法还不成熟，再加上作者能力有限，书中不免有欠妥之处，恳请读者不吝斧正。

本书内容是在课题组承担的国家自然科学基金项目"基于生态位 CA 的区域关键性生态空间辨识与预警研究——以鄱阳湖地区为例"（41361111）、国家自然科学基金项目"丘陵山区农地生态转型的发生机制与调控策略研究"（41561040）、江西省科技落地计划项目"江西省土地生态安全预警信息系统的开发研究"（KJD14033）等项目资助下的前期部分研究成果基础上整理而成。土地利用生态安全研究涉及的领域较广，是一项复杂的系统工程，本书引用了大量的相关文献，在此对相关文献的作者们表示诚挚的谢意。

江西财经大学生态文明研究院陈倩茹、谢雪、程玲娟、吴菁、王柏皓、金声甜、姚干、童飞德、翟群力和张晏维等参与了部分编辑工作及书稿的校对工作，在此对他们表示衷心的感谢。

本书适合土地资源管理、地理学，环境管理、生态学及人口、资源与环境经济学等专业的本科生和研究生阅读，也可以作为政府工作人员参考用书。

# 目　录

# 第一章 绪 论

## 第一节 研究背景与意义

### 一、研究背景

土地利用是人类根据土地的自然特点，按一定的经济、社会目的，采取一系列生物、技术手段，对土地进行长期性或周期性的经营管理和治理改造。就广度而言，对土地的利用当属人类改变自然环境最主要的活动（李秀彬，2002）。全球土地总面积大约为 149 亿公顷，据统计，2005 年前后，建设用地（包括居住用地和基础设施用地）占全球土地总面积的 1%~3%，有学者预测，在不进行政策干预的情况下，到 2050 年，全球居住用地和基础设施用地面积预计增长 2.6 亿~4.2 亿公顷，占到全球土地总面积的 4%~5%；而在强大的政策干预下，居住用地和基础设施用地将增长 0.9 亿公顷。无论哪一种情景，他们根据以往建设用地扩张经验都认为居住用地和基础设施用地的扩张是靠侵占农业用地实现的。然而，农业用地被建设占用并不意味着全球农业用地总面积在下降，因为全球总人口依然在增长，粮食需求依然有增无减。事实上，过去四五十年，农业用地扩张一直是以牺牲森林尤其是热带森林为代价的。一项针对以往趋势和不同情境下未来发展选择的研究（Lambin 和 Geist，2006）表明，未来热带森林可能会继续减少，而在温带则需开展大规模的植树造林。目前，耕地面积大约占世界土地总面积的 10%（约 15 亿公顷），而农业用地总面积大约占 33%（约 49 亿公顷）。从历史数据看，1961~2007 年，全球农作物种植的土地利用面积增长了大约 11%，但也存在很大的地区差异，欧盟 15 国（特别是意大利和西班牙）、东欧（波兰、保加利亚和罗马尼亚）和北美（美国）的耕地使用面积逐步下降，而南美（巴西、阿根廷和巴拉圭）、非洲（尼日利亚、苏丹）和亚洲（中国、印度尼西亚）耕地面积却有所增加。

从国内的土地利用变化看，根据刘纪远等（2014）的研究，1990~2010 年，中国土地利用变化表现出明显的时空差异：耕地增加 $1.82 \times 10^6$ 公顷，其中，旱地增加 $2.99 \times 10^6$ 公顷，水田减少 $1.17 \times 10^6$ 公顷。2000 年前，新增耕地主要集中在东北、华北和西北农林交错区，减少的耕地主要为东南沿海城镇居民工矿用地所占用。总结起来，耕地变化表现出"南减北增，总量基本持衡，新增耕地的重心逐步由东北向西北移动"的基本特征。城乡建设用地增加 $5.52 \times 10^6$ 公顷，主要集中在地形平坦、经济较发达、人口稠密的黄淮海平原、长江三角洲、珠江三角洲和四川盆地等地区，其中约有 $3.18 \times 10^6$ 公顷耕地被建设占用，归结起来，城乡建设用地表现出"扩展提速，以东部为重心，向中西部蔓延"的基本特征。林地共减少 $8.52 \times 10^5$ 公顷，2000 年前，林地减少 $1.95 \times 10^5$ 公顷，主要集中在东北等重点林区林地的砍伐和农耕区扩张对林地的占用；2000 年后，六大林业重点工程的实施导致林地面积增加 $2.37 \times 10^5$ 公顷，主要集中在黄土高原和南方丘陵区等地，归结起来，非人工土地利用类型变化表现出"林地前减后增，荒漠前增后减，草地持续减少"的基本特征。

无论是国际土地利用，还是国内土地利用，在过去的 50 年间，由于人类干扰的加剧，都经历了巨大的变化，并且其变化速度超过了人类历史上的任何时期。正是在这样的背景条件下，土地利用变化所引发的全球环境变化得到广泛而高度的关注，关注的焦点集中在气候和生态系统在未来的可能变化（李秀彬，2002）。根据国家遥感中心发布的《全球生态环境遥感监测 2017 年度报告》，1981~2014 年，全球大部分区域处于干旱中发区；虽然干旱少发区和干旱多发区的面积较小，但在除南极洲以外的各大洲均有分布。2001 年 4~11 月，中国华北平原及周边发生严重的干旱，该地区的北部和河南省大部是受此次干旱影响严重的区域，山东省受此次干旱影响相对较轻，此次干旱造成该地区大部分植被的叶面积指数（LAI）低于多年平均水平，且干旱越严重，LAI 较多年平均水平下降的幅度越明显。与干旱相对的洪水在 1985~2017 年全球范围分布极广，除南极洲外的其他六大洲均有大量的洪水事件暴发，2005 年美国新奥尔良发生洪水灾害，

2010 年巴基斯坦发生洪水灾害,这些洪水的暴发都导致受淹地区植被覆盖率(FVC)显著下降,植被受损严重。事实上,气候变化不仅仅体现在干旱、洪涝灾害上,极端异常天气、全球气候变暖都是近年来土地利用变化与气候变化研究的主题。无论是对土地利用变化的研究,还是对气候变化的关注,其最终的落脚点都体现在生态系统的变化对区域乃至全球生态安全的影响,因为土地利用变化、气候变化和生态系统服务功能变化三者是相互作用、相互影响的(见图 1-1),而生态系统服务功能及其引致的生态安全状态变化将最终影响人类的生存与发展。根据联合国《千年生态系统评估报告》的评估结果,在对全球生态系统评估的 24 项生态系统服务中,有 15 项(约占评估的 60%)正在退化或者处于不可持续利用的状态,它们包括淡水、渔业捕捞、净化空气和水源、调节区域和地方气候、调控自然灾害,以及控制病虫害等。这些变化可以从数据上得以体现,自 1960 年以来,陆地生态系统中生物活性氮和磷的流通量分别增加到原来的 2 倍和 3 倍;1750 年以来,由于大量使用化石燃料和大规模的土地利用变化,大气中二氧化碳的浓度已经升高了 32%;截至 1990 年,在世界上的 14 个主要陆地生物群区中,2 个生物群区的大约 2/3 的面积,以及其他 4 个生物群区的大约 1/2 的面积已经转变为农业用地;地球上的物种数量正在减少,在过去的几百年中,人类造成的物种灭绝速度较地球历史上物种自然灭绝速度大约快了 1000 倍。当前,大约 10%~30% 的哺乳动物、鸟类,以及两栖动物正面临灭绝的危险。对于这些生态系统服务丧失和衰退的代价目前还难以测算,但已有证据表明以上代价非常巨大,而且正在上升。过去为了提高某些特定的生态服务系统,例如食物供给服务,结果导致许多其他生态系统服务退化。这种交换导致生态系统服务退化的代价在不同人群之间发生转移,或者推给后代。据不完全确认的证据表明,人类对生态系统的改变正在加大生态系统发生非线性变化的可能性(包括变化加速、突变,以及潜在的不可逆变化),这将对人类福祉产生重要影响。例如,暴发疾病、水质突变,沿海水域出现"死亡带"、渔业崩溃,以及区域气候变化等皆属于这种情况。而当今的中国,由于人口多、经济结构不尽合理和有些地方对自然资源的掠夺式开发等,仍面临着水旱灾害频繁、水土流失严重、荒漠化扩展、水体污染加剧、外来物种入侵以及生物多样性丧失等生态问题,这些问题严重影响了我国社会经济的可持续发展,阻碍了和谐社会的构建,减缓了我们追梦的步伐。

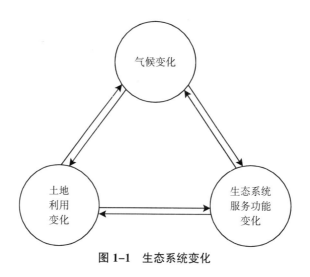

图 1-1　生态系统变化

在中共十九大报告中，习近平总书记指出："我们要坚持人与自然和谐共生。建设生态文明是中华民族永续发展的千年大计。必须树立和践行绿水青山就是金山银山的理念，坚持节约资源和保护环境的基本国策，像对待生命一样对待生态环境，统筹山水林田湖草系统治理，实行最严格的生态环境保护制度，形成绿色发展方式和生活方式，坚定走生产发展、生活富裕、生态良好的文明发展道路，建设美丽中国，为人民创造良好的生产生活环境，为全球生态安全作出贡献。"在诸多影响区域生态安全的因素和过程中，土地利用/覆盖及其格局的变化是影响区域生态安全最重要的方面（高清竹等，2006），具体到实际的生产生活中，中共十九大报告进一步指出要完成生态保护线、永久基本农田、城镇开发边界三条控制线的划定工作以加大生态系统的保护力度。改革开放以来，我国国土空间开发利用，以相对紧缺的资源赋存支撑了长达30多年的高速增长，但也面临着许多新情况和新挑战。比如，伴随近年来城镇化快速推进，一些城市周边耕地数量"红线"成了随意变动的"红飘带"，建设占用耕地现象时有发生；"摊大饼"式的发展让不少城市遭遇了"成长的烦恼"：城市周边耕地、湿地减少了，城市生态带遭到破坏，环境质量改善难度加大，城市热岛效应凸显，雾霾天数增加，等等。因此，生态安全不应仅停留在理性层面上，研究土地利用生态安全问题，构建生态安全的土地利用格局以实现区域的土地利用可持续是实现区域生态安全的当务之急。

江西地处华东地区，属中部六省之一，是典型的发展中省份。在近年的快速城镇化发展过程中，人地矛盾突出，生态环境有恶化的趋势。位于江西省北部的鄱阳湖生态经济区，作为全球重要的生态区之一，也正面临着耕地大量减少、生态用地损失严重、土地污染等土地利用问题，严重威胁着区域的生态安全。习近平总书记视察江西时指出，江西生态秀美、名胜甚多，绿色生态是江西最大财富、最大优势、最大品牌，一定要保护好，做好治山理水、显山露水的文章，走出一条经济发展和生态文明水平提高相辅相成、相得益彰的路子。在习近平总书记的绿色发展理念指导下，江西省第十四次党代会报告提出，要充分发挥绿色生态这个最大优势，打造美丽中国"江西样板"，加快绿色崛起。因而，在国家提倡绿色发展转型与江西社会经济发展过程中资源环境约束瓶颈不断凸显阶段，研究区域的土地利用安全问题，合理规划区域土地利用生态安全格局，建立生态安全预警机制，实现区域土地可持续利用成为我们的首要问题。

因此，本书从土地利用生态安全角度出发，在景观生态学理论、人地关系协调理论、系统论和控制论、生态经济学理论以及土地可持续利用理论研究的基础上，基于 GIS 和 RS 方法，运用景观格局指数、森林破碎化分析模型、Logistic 回归模型、土地利用演变 CA 模型以及压力—状态—响应（PSR）模型等研究方法分析江西省的生态景观格局动态变化，重点研究最重要的生态用地—林地变化的驱动机制和森林破碎化模式及其干扰模式；从区域正面临及可能面临的生态威胁的角度，辨识鄱阳湖生态经济区的关键性生态空间，模拟自然发展情况下，区域建设用地和耕地的发展变化，在此基础上构建区域土地利用生态安全预警机制，最后测度区域的土地利用可持续性水平，为地方政府实现土地利用生态安全，科学规划土地利用提供决策依据。

## 二、研究意义

### （一）理论意义

（1）本书以实现区域土地利用生态安全为目标，突破传统景观指数的限制，采用森林破碎化分析模型建立林地破碎化地图、森林干扰模式地图，传递出破碎化及森林干扰模式的明确空间含义，丰富了景观生态学理论。

（2）通过生态系统服务功能重要性评价和生态敏感性评价方法，以栅格为单元辨识区域关键性生态空间，为土地利用生态安全格局的构建提供了理论依据。

（3）将区域关键性生态空间辨识与未来土地利用变化格局模拟相结合，构建区域土地利用生态安全的预警机制，突破了以往只针对单一具体的土地利用进行生态安全预警的研究范式，为区域土地利用生态格局的构建提供了新的思路。

**（二）实践意义**

在土地利用生态安全已逐渐成为区域关注的焦点，尤其是在鄱阳湖生态经济区正式上升为国家战略后，作为重要的商品粮油基地和生态功能区，研究包括景观生态安全格局、关键性生态空间、土地利用生态安全预警以及土地利用可持续发展等内容在内的区域土地利用生态安全问题，具有以下重要的实践意义：①有利于促进区域土地资源的充分合理利用，保障粮食安全，优化区域农业产业的要素配置和统筹规划；②有利于科学合理地规划和管理土地利用，缓解区域建设用地与耕地保护、生态保护及经济增长压力之间的矛盾；③有利于保护区域关键性生态空间，改善生态环境，保障区域重要生态服务功能的稳定发挥和土地资源的可持续利用，实现真正的土地利用生态安全。

# 第二节　相关概念的界定

## 一、土地资源

土地资源（Land Resource）是一种重要的自然资源，从广义上说是指地表附近在一定高度和深度范围内的一种集合地球上的气候类型、生物种类、水文地貌、土壤岩石、矿藏、植被以及人类的活动成果构成的一个自然的综合体（申元村，1992；赵晓波，2013）。英国经济学家马歇尔曾指出："土地是指大自然为了帮助人类，在陆地上、海上、空气、光和热各个方面所赠与的物质和力量。"马克思也认为土地是世界上一切生产的源泉。实际上，从不同的研究角度可以对土地资源做出很多不同的定义。国家土地管理局在1992年出版的《土地管理基础知识》中从土地管理的角度定义土地："土地是地球表面上由土壤、岩石、气候、水文、地貌、植被等组成的自然综合体，它包括了人类过去和现在的活动结果。"《土地大辞典》从土地利用的角度阐述了土地资源的内涵，即土地资源是指"已经被人类所利用的和可预见的将来能被人类利用的土地"。林培（1996）从可利用的角度评价土地资源，认为在一定技术条件和一定时间内可为人类所利用的土地，包括农地、交通用地、工业用地和林地等土地都可以称为土地资源。刘卫东（1996）从价值方面考虑，认为经过人们在生产要素、生产及水和管理技术等各方面的投入之后，能够实现经济收益的土地就是土地资源。

土地资源承载了所有人类社会的生产和生活活动，是人类生存与发展不可或缺的自然资源，具有稀缺性和使用用途多样性等重要的性质。土地的稀缺性主要体现为土地资源供不应求的现象，由于土地资源不像水资源和大气资源那样具备较强的流动性，以及较强的自我补充和自我净化能力，土地资源相对固定，利用方式转换较为困难，而且往往具有不可逆性，自我净化能力也相对较差，所以土地资源不仅供给弹性低，短时期内出现较大的需求缺口也很难获得及时补充，难以完全满足社会经济发展的需要（罗静和曾菊新，2004）。土地的用途多样性表现在土地资源不仅可以实现居住、商业、工业生产和农业生产等多种用途，而且可以在这些不同的用途之间进行转换。实际上，土地分类是土地科学的基本任务和重要内容之一，也是土地资源利用效用评价、土地资产评估和土地利用规划等方面研究的基础性和前期性工作（钟文平等，2014）。具体来说，土地类型在不同的时期根据实际情况可以做出不同的划分。1984 年发布的《土地利用现状分类》把土地资源分为耕地、园地、林地、牧草地、居民点及工矿用地、交通用地、水域、未利用地等类型，其中未利用地包括荒草地、盐碱地、沼泽地、沙地、裸地、裸岩石砾地和其他未利用土地[①]。2001 年出台的《全国土地分类（试行）》中把土地资源分为农用地、建设用地和未利用地，其中农用地主要包括耕地、园地、林地、牧草地；建设用地主要包括居民点及工矿用地、交通运输用地、水利设施用地[②]。2007 年发布的《土地利用现状分类》中，农用地包括耕地、园地、林地、草地，而建设用地的内容发生了一些变化，主要包括商服用地、工矿仓储用地、住宅用地、公共管理与公共服务用地、特殊用地、交通运输用地、水域及水利设施用地[③]。2017 年国土资源部组织修订《土地利用现状分类》（GB/T

---

① 全国农业区划委员会.土地利用现状分类［EB/OL］. http://www.ntda.gov.cn/wjzxqw/W2540002050.htm，1984.

② 中华人民共和国国土资源部.全国土地分类（试行）［EB/OL］. http://ymj.ankang.gov.cn/Article/ShowArticle.asp? ArticleID=66，2001.

③ 中国质量监督检验检疫总局，中国国家标准化委员会.土地利用现状分类［EB/OL］. http://www.hn-sygt.gov.cn/zwgk/zcfg/tdl/201104/t20110426_167791.html，2007.

21010-2017），经国家质检总局、国家标准化管理委员会批准发布并实施。新版标准秉承满足生态用地保护需求、明确新兴产业用地类型、兼顾监管部门管理需求的思路，完善了地类含义，细化了二级类型划分，调整了地类名称，增加了湿地归类。

## 二、土地利用

土地利用（Land Use）是指人类根据自身的需要，在一定的经济和技术条件约束下，通过各类手段对土地的自然属性加以开发和利用的一个动态过程。这个过程涉及人类、资源和环境等多种主体之间大量信息、物质和能量的交流和转换（罗娅等，2014）。土地利用是一个有着特定功能的复合系统，主要由土地自然生态系统和社会经济发展系统组成，人们的生产生活将这两个系统成功结合起来（周子英，2012）。人们利用土地的活动，任何时候都发生在自然系统、经济系统及体制系统的三重框架内（李秀彬，2002），任何形式的土地利用活动都或多或少地对地表自然环境施加影响，后者也同时反作用于前者，这种反作用有时候以极端的形式出现，比如自然灾害，使土地利用系统受到直接的打击，地表自然环境的变化往往表现为自然资源的衰竭和环境的退化，当这一问题足够严重以至于引起公众的关注时，体系系统就可以通过法律、法规及政策等资源和环境管理手段调整土地利用系统。除了环境变化，土地利用系统还通过自身的经济表现和社会效应为各个层次的决策者提供信息，指示其自身在经济上的可行性和社会上的可容性（李秀彬，2002）。

## 三、生态用地

"生态用地"一词是由石元春院士于 2001 年考察宁夏回族自治区时提出的，随后石玉林院士在中国工程院咨询项目——"西北地区水资源配置与生态环境保护"报告中对生态用地概念做了阐述，指出在西北干旱区，生态用地是指具有干旱区防治和减缓土地荒漠化加速扩展功能的土地，可以作为"缓冲剂"，以达到保护和稳定区域生态系统的目标（张红旗等，2004）。岳健和张雪梅（2003）对生态用地的概念做了更为定性的描述，认为生态用地是指除农用地和建设用地以外的土地，包括为人类所利用但用于农用和建设用以外的用途，或主要由除人类之外的其他生物所直接利用，或被人类或其他生物间接利用，并主要起着维护生物多样性和区域或全球的生态平衡以及保持地球原生环境作用的土地。苏伟忠等（2007）认为生态用地的狭义理解是指以发挥自然生态服务功能为主的土地资源。柏益尧（2005）引入"生态用地"和"三地"的概念，用"建设用地""耕地"和"生态用地"三种用地类型重新整合土地资源，以期改变长期以来土地资源分类管理偏重于人类的需求、忽视生态环境建设的状况。邓红兵（2009）从生态服务角度出发，定义区域或城镇土地中以提供生态系统服务为主的土地利用类型为生态用地。唐双娥（2009）从法学视角认为生态用地可界定为保证人类生态安全、以发挥生态功能为主的土地，或者其生态功能重要或非常脆弱需要修复、保护的土地。

本书认为生态用地应该是维持区域生态平衡，以发挥自然生态系统服务功能为主的土地资源。生态用地的内涵包括：①生态用地以自然生态保护为主要目的，与侧重支撑人类生态系统用地类型的建设用地、耕地相对应。其用途侧重自然生态系统的保护及其功能发挥，尽量避免人类活动对自然生态系统的干扰和破坏。②生态用地的范围应包括各类自然生态系统保护用地、自然和人工水系以及各类湿地、重要生态功能区保护用地、自然保护区等。③生态用地应为自然生态系统的修复与弥合创造条件，最终恢复并保持自然生态系统的完整多样和健康稳定。④生态用地的安排对于人类需求来说，侧重点在于保证人类社会生态安全，满足人类整体生存需要前提下生活质量的提高、可持续性的保障以及人与自然的和谐（张德平，2006）。

区域关键性生态用地是指在区域一定的生态空间供给下，为保障区域洪水防护和水资源保护安全、生物多样性保护安全、地质灾害防护安全、游憩安全，维护区域景观格局完整性和连续性所需要的关键性用地空间。它承担着维护生态土地安全和健康的关键使命，并为社会提供持续不断的生态空间服务，是区域土地生态系统能持续提供自然空间服务的基本保障。

## 四、生态安全

生态安全（Ecological Security）最早出现于 20 世纪 40 年代的土地健康及土地功能评价中，其概念建立在环境安全的基础上（庞雅颂和王琳，2014）。生态安全一词从有明确定义至今，已有多年历史。生态安全概念的明确提出是由国际应用系统分析研究所（IASA）于 989 年提出，其认为生态安全是指在人的生活、健康、安乐、基本权利、生活保障来源、必要的资源社会秩序和人类适应环境变化的能力等方面不受威胁（张智光，2013）。其后，美国环境学家 Norman Myers 认为因资源战争和生态威胁而引起的环境退化，继而波及其他领域的不安全即为生态不安全（Norman Myers，2004）。Kirn（2000）认为生态安全概念产生于生态威胁、生态风险等概念。Herrmarm（2003）从国家安全出发，指出生态安全是国家安全的一个重要组成部分。Steve Lonergan（1993）讨论了生态安全与可持续发展的关系，认为这两者都与人类安全相关联。Rogers（1997）认为生态安全是自然环境在不损害其潜力的前提下能够满足人类和生物群落的持续发展与生存需求。Mack Halle（2004）将人类安全网络系统细分为人口、政治、文化和生态等安全子系统。Rapport（1998）认为生态安全应与人类社会可持续发展相联系，生态安全的目标是为人类的生存发展提供良好的生态服务功能。

国务院于 2000 年 12 月发布的《全国生态环境保护纲要》中，首次明确提出了 "维护国家生态环境安全" 的目标，并认为生态安全是国家安全的重要组成部分。生态安全是人类在生产、生活和健康等方面不受生态破坏与环境污染等影响（肖笃宁等，2002），能够实现生态环境自身良性循环，促进资源环境与社会经济发展之间的相互协调（周国富，2003）。近年来，专家学者从不同视角赋予生态安全不同解释，郭中伟和甘雅玲（2003）从自然生态系统的角度认为生态安全是生态系统的结构不受破坏，其生态功能不受损害，是生态系统的健康和完整性。黄青和任志远（2004）从生态承载力的角度出发，将生态安全定义为生态系统的承载能力大于人类对它的影响时所处的一种状态。邹长新等（2014）从区域安全的视角定义生态安全为区域内各类生态系统在维持自身正常的结构和功能条件下能够承受人类各种正常的社会经济活动。王根绪等（2003）从生态风险和生态健康角度定义生态安全。崔胜辉等（2005）从生态风险和生态脆弱性的视角认为生态风险和生态脆弱性是生态安全的本质。王耕等（2007）从生态系统隐患的角度出发，阐述区域生态安全的机理。

生态安全涉及自然和社会两个方面，包括自然生态安全、经济与社会生态安全、资源环境安全等，尽管不同学者对生态安全的内涵和外延的看法有所不同，但都认为生态安全具有战略性、完整性、可持续性、综合性和不可逆性等特性（陆威等，2016；李昊等，2016）。

# 第三节　相关研究进展

## 一、景观生态安全研究

生态安全指的是维护人类生存的社会环境和自然环境，免受人类的过度活动与利用所导致的破坏，即人类生活的空间尚未构成威胁的状态。目前，人类各种行为和活动的范围主要是在景观这个层次上，因而景观是研究人类活动对环境影响的适宜尺度（谢花林，2008）。

伴随着我国社会经济的发展，城市化和工业化的进程日益加快，都市农业景观受到人们愈来愈多的关注。都市农业景观指的是在城市化进程中受到影响的诸如耕地、林地、农业用地、草地等用地类型所构成的景观空间。城市化使得都市景观的空间布局、空间结构、类型、过程和格局发生了显著的变化。景观空间格局的变化会严重影响景观单位所能提供的功能，城市化严重影响了景观生态的安全。鉴于此，宋晓媚等（2015）基于 GIS 和 RS 技术对西安景观生态格局进行分析，得到了景观农业生态的动态变化过程，并且基于压力—状态—响应（PSR）模型，选取相应的指标建立指标体系，在此基础上定量分析了景观生态的安全过程，发现城市化的发展过程中，景观结构变化剧烈，景观板块细碎化、复杂化程度均较高，都市化使得景观生态安全受到了严重的威胁。孙翔等（2008）对厦门各市县通过 PSR 模型，并以 TM 遥感影像作为底图，对于空间可以插值的指标进行空间插值，而空间不可插值的指标则利用专家赋值法进行处理，并且通过 RS和 GIS 利用空间相结合的技术对 2003 年和 2006 年进行空间叠加，得出了"在城市化的进程中，景观的生态安全压力会有所提升，但伴随着景观调控能力的加强，也可以相应地缓解景观生态的压力"的结论。

上述学者仅仅在城市化的进程中对农业景观空间格局及布局的占用和破碎化进行研究，以及对景观空间功能的降低进行相应的评定测算，但却没有从如何进行景观安全的重构与重建进行评述。

关文彬等（2003）认为景观恢复是指恢复原生生态系统间被人类活动终止或

破坏的相互联系，景观生态建设是以景观单元空间结构的调整和重新构建为基本手段，二者的综合即为景观生态恢复与重建，是构建安全的区域生态格局的关键途径。李咏红等（2013）利用遥感和 GIS 技术分别得到生物保护景观生态安全格局、水源涵养景观生态安全格局、土壤保持景观生态安全格局，并对这三类景观生态安全格局进行叠加，分辨出生态战略景观生态安全格局，并对各生态安全区的构建提出相应的政策进行管理。杜悦悦等（2017）基于生态重要性评价识别源地，以生态敏感性区域构建生态阻力面，并以最小累计阻力模型识别关键的景观廊道和生态廊道，以期提升大理白族自治州等山型城镇的景观生态安全。该研究的生态重要性源地识别和生态敏感性阻力面分析方法为生态安全格局构建提供了新思路。王洁等（2012）基于 GIS 技术对于景观生态安全格局的关键节点进行识别，通过最小耗费距离模型模拟出较优的景观生态安全格局和安全廊道，并和现有的廊道进行对比，提出完善策略。此外，还将景观生态安全格局和城市规划进行相应的结合，为景观空间格局的重新布局和功能优化提供理论依据。

上述学者虽然从不同角度运用不同方法和模型对景观生态安全的建设提出了相应的策略，但却没有研究景观生态的演变和演进过程。通过对比时间尺度上的差异，可以分析影响景观生态安全的因素，以便更好地提高区域的景观生态安全。

彭文君等（2018）对喀斯特山区 2000~2014 年的耕地利用状况和景观生态安全的演进过程进行分析，发现该地区 15 年来的旱地和水田的细碎化程度不断提高，而旱地和水田的景观安全性则不断降低，且基于灰色关联分析方法发现旱地和水田的景观生态安全性演变及演进过程是不一样的，旱地的影响因素是农业总产值，水田的影响因素是粮食产量。李加林等（2016）基于 TM 遥感影像对海岸带的景观生态格局构建演变模型，判断浙江省海岸带的景观生态分布格局，结果显示 1990~2000 年景观生态低风险区和较低风险区的面积向内陆逐步后退，而 2000~2010 年生态风险上升的趋势明显低于前 10 年，说明人们在加大沿海岸的开发利用过程当中，也逐步加强经济和环境的协同发展，提高景观生态安全。谈娟娟等（2015）基于 GIS 和遥感技术以及典型相关分析法，在充分重视指标的选取后，以人类活动和自然因子作为其驱动因子，建立生态安全健康指标体系。结果显示，人类活动是影响景观生态演进过程的主要影响因子，同时自然条件状况也有一定的影响。

学者们从不同角度分析了景观生态安全的演进驱动因子，以及不同驱动因子的影响程度的大小，还有些学者从景观生态的时空变化的特征对景观生态安全进行相应的考量。

赵筱青等（2015）把景观干扰度和景观脆弱度纳入景观生态安全评价体系，同时从景观结构和功能考核景观生态安全的时空变化特征，从而能够更加全面地反映受强度干扰和异质性减少的区域。其发现 2000~2010 年景观类型的变化是影响景观生态安全的主要原因，而景观功能指数却无明显变化。谢余初等（2015）基于 GIS 技术和 PSR 模型分析自然灾害胁迫压力之下景观生态安全的时空分析特征，发现景观生态安全区域的土地利用格局与经常发生泥石流、滑坡和水土流失的区域土地利用格局恰巧相反，并且由于"防护林""长还林"等工程的实施，自 2000 年之后景观生态安全指数日益增高。游巍斌等（2011）基于 GIS 技术和 Morans's I 指数分析了 1986~2009 年武夷山的景观生态安全指数，发现其一直处于逐步上升的趋势，空间相关性是结构因素和非结构因素共同作用的结果，并且发现一种景观安全度的提高有可能导致另外一种景观安全度的降低。李秀芝（2017）选取景观生态安全指数建立耕地景观生态安全评价模型，发现耕地景观安全指数逐年下降，其可能的原因是伴随着人类活动的日益加强，景观的连接程度不够，细碎化程度高，景观生态安全格局分布不均匀。时卉等（2013）通过构建新疆天池的景观生态安全度，发现高景观生态安全度范围由南向北转移，而低景观生态安全度范围由南向北进行扩散，区域的景观安全度格局的集聚性逐步下降，并向空间随机分布趋势演变。汤旭等（2017）对湖南省县域的森林景观生态安全进行了时空特征的分析，结果发现随着时间的变化，森林景观生态安全不太乐观，其主要原因在于能源消耗量居高不下。杨青生等（2013）基于 PSR 模型构建景观生态安全指标体系，以东莞市作为研究区分析景观生态安全格局的时空变化，研究发现 1988~2005 年东莞市的景观生态安全指数逐年下降，并且区域空间由"市中心—镇中心"沿"市中心—镇中心—道路"不断扩张。该研究以像元作为指标评价单元，可以很好地对景观指标指数进行计算。上述学者利用不同的模型和软件对景观生态安全的时空变化进行分析，大部分得出的结论是景观生态安全指数随着年份增长有所下降，而空间格局则由集聚性向分布性进行扩散，人类活动和自然环境的变化虽都从不同程度对我国的景观生态安全产生影响，但人类活动的影响则更为剧烈。为此，政府在城镇化和工业化的进程中需要制定好管理政策和措施。

同时也有不同学者从景观生态格局对景观生态安全进行考量。赵筱青等（2013）基于 GIS 技术和"成本距离加权"将生物和景观因素纳入其中，构建了最小阻力模型，并利用最小阻力阈值划分了 5 个生态功能区，界定了桉树禁止种植区和可种植区，借此缓解保护与发展的矛盾。陈传明（2015）利用 GIS 软件提取景观生态的各类属性信息（如面积、周长、数量等），并且运用景观格局指数对武夷山自然保护区景观格局进行评价，发现武夷山各类型的植物林破碎程度均不低，但农村居民点、农田等的细碎化程度却较高；景观异质性程度低，景观结构出现明显的简单化。张兵等（2005）基于 1986~2000 年的 TM 和 ETM+ 遥感影像对甘肃中部地区的景观生态格局进行评估，发现处于干旱半干旱气候条件的甘肃地区的景观生态格局具有一定的脆弱性，而且在城镇化快速进程当中，土地类型的转型对区域的景观生态格局具有很强的影响。蒋依依等（2009）认为，旅游景观是一个复杂的人文和生态相互耦合的格局。通过对旅游游客空间分布格局进行相应的分析，评述系统要素之间的相互关系，为旅游空间协调管理提出相应的政策与建议。李潇然等（2015）基于 GIS 技术，针对三峡库区这个长江中下游最重要的生态纽带，选取土壤侵蚀等阻力因子构建最小距离耗费模型，为三峡库区划定水源涵养区、生态缓冲区、生态敏感区、生产生活区 4 个功能区，并且模拟城市扩张，为城市的合理扩张以及如何提升该地区的景观生态安全格局提出相应的政策建议。陆禹等（2015）利用 GIS 技术和最小距离耗费模型为景观生态的优化提供相应的改善途径和政策建议，他运用的粒度反推法较传统方法更能够客观地解决生态源地选取的问题，并且运用生态阻力面能够找到那些往往被人们所忽视，但却是景观生态方面需要重点建设的薄弱点。

维护区域景观生态安全，景观生态的重新设计是极其重要的。景观生态设计是指对那些受到胁迫的区域进行重构与重建，以期大力提高区域景观的总体生产力和稳定性，并且将景观生态系统引入良性循环中。至此，不同学者对景观设计提出相应的看法。

钟学斌等（2012）在完成景观生态调查和景观分析的基础上，对景观空间格局进行分析，得出以增加耕地为目标的土地整理实施方案。虽然运用了农田保护等措施，但因为加大了对荒草地的开发，故而减少了景观组成成分。而以生态补偿为主的景观设计则提高了景观生态格局的稳定性。刘家明（2004）认为，对景观生态中的要素如人工斑块、自然斑块和廊道对旅游度假区进行设计能够保证旅游度假区的环境优美以及道路顺畅。魏菲宇（2006）认为，景观生态能够将科学和艺术相互结合，为城市的健康发展提出新的思路，同时认为景观生态设计具有将人类对景观的影响程度降低、提高生物生活环境水平的功能。吴巍等（2011）提出城市住宅区、城市公园、休闲广场、城市滨水绿地、旅游度假区和风景区的景观设计方式，在对景观设计概念和具体内容进行分析的基础上，提出生态设计是城市设计的高级阶段。

土地是人类活动的主要对象，近些年来，由于经济发展的要求，人类对土地的过度开发与利用愈来愈严重，因此，及时地进行土地开发、复垦和整理等工作，并将景观设计与土地利用规划相结合是维护景观生态安全的重点。王军等（2017）认为，土地整治必然会引起景观斑块、廊道和基质的显著变化，在土地整治中纳入景观生态的理念是土地生态和景观生态安全的必然之路。邵晓梅（2004）利用 1：50000 的土壤类型图作为基础底图，并在 GIS 软件的支持下，对鲁西北地区的土壤类型格局进行分析，发现研究区的景观生态分析显著，而且区域类型中占主导地位的土壤类型是影响土地生产力大小的主要因素。李伟峰等（2011）将景观生态学原理纳入传统的遥感技术中，能够为城市土地利用的新信息的提取提供新方法与新思路。田劲松等（2011）基于 GIS 和景观生态学原理对安徽省淮南市潘集区市级投资重点土地整理项目进行分析，发现景观空间格局趋于均匀的同时会降低景观生态的多样性，致使景观生态类型减少，因而导致景观生态安全的降低。肖武等（2017）通过建立土地整治生态景观效应评价体系，利用层次分析法对土地整治前后的景观生态效应进行对比，发现土地整治对景观生态具有一定的提高效应，但还有很大的改善空间。于海洋等（2015）利用 1990 年、1998 年、2011 年和 2013 年的遥感影像及生态位理论对新疆精河县进行分析，发现土地经济生态位对景观格局具有驱动作用，可以得出精河县的发展方向。马泉来等（2016）以 1991~2013 年的遥感影像作为数据源，运用景观生态学的原理和 3S 技术，发现近 22 年来景观生态服务价值变动剧烈，斑块等景观指数有所下降，并且受到人类活动和城镇化的影响较为严重。王天山等（2016）通过 1990 年、2000 年、2009 年和 2014 年四个时期的遥感影像，在 RS 和 GIS 技术的支持下，运用监督分类法发现城市的进程中景观的边界变得越来越规则，同时面积增大，建设和交通用地逐渐集聚，使得区域成为一个更加紧实的整体，但景观生物多样性反而降低，使得景观生态安全程度也随之下降。

以上的研究分别从景观生态的评价、景观生态格局的重构与重建、景观生态的演变和演进、景观生态的动态变化驱动因子、景观生态的空间格局、景观生态设计、景观和土地的关系等方面对区域景观生态安全进行多视角的综述，可以看出，随着人们环境意识的提高，对景观生态安全的重视程度日益增加。但是上述文献仍然存在一定的不足：文献中的研究尺度往往局限于一定的流域和区域，研究尺度较小；虽然有一定的理论指导意义，但其表现不够突出，往往只能作为一种尝试，需要进行进一步的探讨；文献中多运用 3S 技术对评价区域进行探索，但往往以单元格作为评价单元，未将流域和行政界线的划分应用到评价单元上，从而无法评价评价单元之间的区域差异。

## 二、土地利用生态安全研究

土地利用生态安全评价是构建土地生态安全格局的基石。土地资源生态安全既是人类赖以生存的物质基础，又是区域经济社会可持续发展的先决条件（张清军等，2011）。随着人口急剧增长以及工业化、城市化的快速发展，由人类活动引起的各类生态安全问题日益显现。土地作为人类生存发展最基本的生产资源，其生态安全关系着人类未来的可持续发展，对土地生态安全的研究具有重要的现实意义。我国土地利用的强度不断增加，对土地的利用程度已经达到甚至超过区域土地的生态承载能力，导致区域内的生态环境逐渐恶化，土地生态安全成为一大严峻的挑战，对其的研究势在必行（高桂芹等，2005；曲衍波，2008）。只有以保证土地生态系统的安全环境为前提，土地才可以长期保持足够的有效生产能力，满足经济社会发展需求，从而维持土地固有的生态功能和可持续利用性能，维持自然、环境、经济、社会复合体长期协调发展。

### （一）土地利用生态安全内涵及研究内容

土地生态安全最早由卡尔曼诺夫和费里耶夫提出，他们根据农业生产专门化和集约化的要求，提出对土壤、气候和其他自然条件进行全面的比较评价的方法，并根据上述各因素制定了评价体系（曲衍波，2008）。土地生态安全包括两个方面的含义，即土地生态系统本身的安全性和土地生态系统是否能保证人类生产和生活的安全（郭春华等，2007；董飞等，2010）。国内对生态安全问题的关注始于 20 世纪 90 年代后期，主要是人为因素引发的自然灾害频频发生后人们对生态问题反思的结果。

在土地生态安全问题的研究中，大多数学者认为土地生态安全的定义包含了两层基本含义：①土地生态系统自身的安全，也就是说土地生态系统内的自然生态子系统的安全，即在外界作用下自然生态子系统处于不受或少受损害和威胁的状态且具有保持其功能健康、结构完整以及自我维持与调节的能力；②土地生态系统对人类的安全，表现在土地生态系统所提供的服务能够满足人类生存与发展的需要，能够使经济生态子系统产生经济效益、社会生态子系统和谐进步，同时具备良好的调控体系和社会可接受性。土地生态安全以自然要素的安全为基础和限制条件，以经济要素为动力条件，以社会要素为保证和持续条件。

土地利用生态安全是区域实现可持续发展、构建和谐社会的基础，土地生态安全评价对区域生态、经济、社会的长期协调发展具有至关重要的作用（袁林等，2010）。土地利用生态安全评价是揭示区域生态安全状况及空间变异的有效手段，对区域的生态情况具有监测和预警的作用。根据土地生态安全评价研究的侧重点不同，吴未等（2010）拟将研究对象分为两类：①以自然地理景观为主要研究对象，如地理区、生态区；②以受人类活动影响显著地区为主要研究对象，如行政区、经济区。

目前，土地生态安全评价研究重点主要集中在评价指标体系和评价方法两个方面，这也是进行土地生态安全评价研究的难点。

**（二）土地利用生态安全评价指标体系**

不同学者从不同角度对土地生态安全评价指标体系进行了探索。很多学者都是基于"压力—状态—响应"（PRS）模型构建土地资源生态安全的评价指标体系。PSR 模型是由加拿大研究人员最早提出，由经济合作与发展组织（OECD）和联合国环境规划署（UNEP）发展的，它的基本思路是人类活动对自然资源和生态环境施加"压力"，改变了生态环境的"状态"和自然资源的质量与数量；人类社会则通过经济政策和宏观调控对自然反馈的"状态"变化做出"响应"，以减缓由于人类活动对生态环境造成的压力，维持系统的可持续性（左伟等，2002）。PSR 模型的突出特点在于它从人地关系的相互作用和影响出发，具有非常清晰的因果关系，故备受研究者的青睐。基于"压力—状态—响应"（PSR）框架模型，从土地生态环境压力、土地生态环境状态、土地生态环境响应三方面进行指标筛选，构建土地资源生态安全评价指标体系（Zhao 等，2006；郭斌等，

2010；刘凌冰等，2014；王雪等，2014；马红莉等，2014；孟展等，2014）。此外，曾乐春、李小玲（2011）以广州市为例从土地资源、生态环境和人文社会因素三个方面构建了适合高度城市化大都市区土地资源生态安全的评价指标体系。范瑞锭、陈松林、戴菲等（2010）从自然因素、经济因素和社会因素出发，在PSR模型框架下，应用景观生态、生态足迹、GIS、物元分析模型和支持向量机等多种方法，构建土地利用生态安全评价指标体系，对福建省土地利用生态安全进行评价。马瑛（2007）基于PSR模型，分别从生态环境质量状态、资源与社会人文压力和社会人文响应三个方面构建了北方农牧交错区土地利用生态安全评价的指标体系。同时，在对评价标准选取方面，综合参考了相关行业标准、科研标准和国际国内平均标准，使得研究结果与国家及其他地区具有横纵向可比性。郭凤芝（2004）从土地资源数量和质量安全、土地资源承载力、土地资源安全保障指数等多方面提出建立土地资源安全评价体系的设想和基本框架。王楠君等（2006）从土地资源经济安全、耕地安全、土地生态系统和制度保障四个方面构建城市化进程中土地资源安全评价指标体系。曲衍波等（2006）从经济社会安全、城镇环境安全、辖区农村环境安全和城乡资源利用四个层面对小城镇土地生态安全进行评价。另外，从土地自然生态安全系统、土地经济生态安全系统、土地社会生态安全系统三个角度选取指标，构建区域土地资源生态安全评价指标体系（李玉平等，2007；冯文斌等，2013）。何春燕等（2014）从地形条件状况、土地利用状况、土地质量安全状况和土地承载安全状况四个方面选取指标，建立了土地生态安全评价指标体系。这些研究为区域土地资源生态安全评价指标体系的构建提供了一些思路和尝试。喻锋等（2006）从自然生态环境、人文社会压力和环境污染压力三个方面，在像元水平上对皇甫川流域生态安全进行了综合评价，并重点分析了流域土地利用变化和生态安全两者之间的关系，从而为科学地组织人类有序活动、调整优化土地利用格局以及确保流域生态安全提供理论基础。

目前土地生态安全评价指标体系研究仍处于起步阶段，尚无标准的指标体系，还有待于进一步研究和完善。维持土地生态系统的安全状态，从而确保社会经济的可持续发展，是进行土地生态安全评价的终极目标。

**（三）土地利用生态安全评价的研究方法**

目前，土地生态安全评价方法研究还处在实践和探索阶段，国内外的学者们借鉴了其他领域的研究方法，相继提出了一些定量与定性的评价方法。罗贞礼

（2002）利用系统聚类分析方法，以湖南省 14 个地州市为样本，从 1999 年社会经济和土地生态环境压力、土地生态环境质量、土地生态环境保护和整治能力等多方面选取了 24 个指标，对土地利用生态安全评价指标作了聚类分析。王强和杨京平（2003）通过介绍我国草地概况和国内外生态安全研究的进展，提出了我国草地生态系统生态安全的评价体系。刘勇等（2004）在对区域土地资源生态安全概念、内容和目标研究的基础上，探讨了区域土地生态安全评价方法，建立了土地资源生态安全评价的代表性指标体系。田克明等（2005）在分析我国农用地生态现状的基础上，建立了农用地生态安全评价的指标体系，并针对我国的国情提出了一种切实可行的农用地生态安全评价方法。综合众多学者的研究，比较常用的方法有综合指数评价方法、土地承载力分析法与景观生态学方法等。

（1）综合指数评价方法是目前应用较多的一种方法，首先筛选因子构建多指标的评价指标体系。指标体系建立以后，应用层次分析法（AHP）、专家打分法（Delphi）等方法确定指标权重。其次确定评价指标的标准值即判定安全阈值，设定评价等级准则。通过加权系数法得到区域土地利用生态安全的综合指数及安全等级（侯景艳，2007）。范瑞锭等（2010）运用 AHP 法确定指标权重继而用综合指数法对区域土地利用生态安全做出评价，也为沿海一带的红壤丘陵区土地利用生态安全的评价提供了一些参考。冯异星等（2009）采用遥感和 GIS 等相结合的手段，通过测算土地利用程度综合指数以及生态安全评价指数以实现流域尺度生态安全定量综合评价，对新疆天山北坡玛纳斯河流域土地资源利用的生态安全进行了评价，并进一步分析了土地利用程度变化与流域生态安全的关系，其研究为确保流域生态安全提供理论借鉴，并为干旱半干旱区域提供了一定的科学见解。潘竟虎等（2012）基于 GIS 对干旱内陆河流域的典型区域进行规划前后的生态环境影响评价对比分析，通过构建 LUPEA 的生态安全综合指数及其评价方法，深入研究了生态安全评价法和多源空间数据分析在 LUPEA 中的应用，为县级层面上 LUPEA 的实践研究提供了一定的理论基础。由于土地资源生态安全的评级指标具有相对性和发展性，不同时期或者不同国家和地区，其评价标准也会不同，这给土地资源生态安全评价指标安全阈值的确定带来了困难（谢花林，2008）。基于权重确定的主观性较大可能导致研究成果的不确定性，王枫等（2009）构建了不使用权重的区域土地生态安全突变评价模型，模型比较简洁、实用、科学。同时，近年来灰色关联度法、物元模型、熵值法、系统聚类法、层次分析法和

GIS 技术相结合法、Q 型系统聚类和主成分分析法等的应用也较广泛。

（2）土地承载力分析法目前常用的是传统的土地资源承载力分析方法和近年兴起的生态足迹法（Huang，2007）。传统的土地资源承载力分析方法是将区域土地资源所能持续供养的人口数量，即土地资源人口承载量与现实人口数量相比较，如果承载量大于现实人口数量则判定土地利用处于安全状态，反之则不安全。而近年来兴起的生态足迹分析法是把一定区域内的人口所消耗的所有资源和能源及吸收这些人口所生产的所有废弃物的量都相应地转化为一定的生物生产土地面积，比较土地生态系统所能提供的生态足迹即土地生态承载力和人类对生态足迹的需求，如果土地生态承载力大于人类对生态足迹的需求，则出现生态盈余，判定系统是安全的，如果土地生态承载力小于人类对生态足迹的需求，则出现生态赤字，判定系统是不安全的（高晓明，2009）。生态足迹的方法从一个新的角度阐释了人类及其发展与资源环境的关系，其定量化程度较高，可用较少的因素定量测算生态承载力状况，但因没有考虑生态承载力复杂因素间的作用，同时单纯从人类对自然资源的占用和利用角度分析系统的承载力水平，难免有些缺憾（王根绪，2003）。

（3）景观生态学方法强调空间格局与生态过程以及生态功能之间的联系，景观结构、功能和变化是景观生态学关注的最基本的三个特征，景观生态学中的景观生态指数可以定量化描述这三个特征。景观结构、功能、变化与土地资源利用的关系相当密切，土地资源的退化也必然会导致区域景观结构和功能的失调或退化，斑块—廊道—基质是景观的基本结构，土地利用单元可以分为斑块、廊道和基质，其结构、功能、稳定性及抗干扰能力等直接影响到土地利用生态安全状态（曲衍波等，2008；曹爱霞，2008）。结合"3S"技术，运用景观生态学的研究理念，对区域土地生态安全进行评价已经成为主流发展趋势。李闯等（2012）以GIS 和 RS 技术为平台，从景观生态学角度提出了景观生态指数来反映 LUCC 变化带来的生态效应，并构建生态安全评价指数（ESA）研究霍林河流域景观生态安全的时空变化特征。学者们普遍认为，基于景观生态模型法的区域生态安全评价是一种值得探索的方法。

综上所述，目前中国土地生态安全评价的研究正处于实践和探索阶段，整体上由单要素、静态研究向综合、动态研究发展，从数理评价模型向空间评价模型转变，呈现出以空间尺度为主流、时间尺度为支流、区域生态安全评价为核心，辅以流域安全评价的研究格局。研究区域多限于西北干旱地区、农牧交错带、城市区域、流域以及其他敏感地区（储佩佩等，2014）。土地利用生态安全评价体系研究还不够完善，评价指标以及安全阈值的确定是研究的难点，且构建的指标多是面向整个区域，有些指标不能体现在像元水平上，评价结果不能较好地为土地生态安全格局服务（谢花林，2008）。研究多侧重于单个研究区时间序列的动态研究，缺乏典型区域和类似区域的空间上及纵向上的对比研究，当前的研究层面和视野有待开阔。此外，应注重将评价结果与土地生态安全格局构建和监测预警研究有机地衔接在一起，深入开展土地生态安全的应用研究（谢花林，2008；储佩佩等，2014）。

### 三、土地利用生态风险评价

生态风险评价是指研究区域在受一个或多个胁迫因素影响后，对不利于生态后果出现的可能性进行评估的一种方法（Hunsaker 等，1990），重点评估人类活动所引起的生态系统的不利改变及效应。随着社会经济的发展、人类活动的加剧，以及评价理论和方法研究的深入，生态风险评价逐渐成为发现和解决环境问题的决策基础。众多研究表明，土地利用变化同生态风险之间有着密切的相关性（安佑志等，2011；傅丽华等，2011）。

区域生态风险评价是在区域尺度上描述和评估环境污染、人为活动或自然灾害对生态系统及其组分产生不利作用的可能性和大小的过程（Fu 和 Xu，2001）。作为生态风险评价的重要分支，区域生态风险评价的主要标志是在暴露和危害过程中考虑到景观空间结构，它尤为重视空间要素配置对生态风险过程的影响（殷贺等，2009）。区域生态风险评价具有时间动态性、空间异质性及评价过程的复杂性等特征（邓飞等，2011），是当前生态学与风险数学交叉领域的前沿课题和研究难点（石浩朋等，2013）。在关于区域生态风险评价研究的发展中，国内外学者在多种空间尺度上，针对不同类型和数量的风险源、风险受体展开了广泛深入的理论与实践探索，尤其是在大尺度的流域水平上对重金属沉积物、水环境和自然灾害以及转基因作物、生物安全等内容进行研究。关于生态风险评价基础理论和技术方法，已经有学者进行了大量有益探讨（Victor，2002；Hayes 和 Landis，2004；Purucker 等，2007；李谢辉和李景宜，2008）。随着研究的日趋深入，目前国内区域生态风险评价已逐步转向区域综合生态风险评价的发展模式，评价范围也扩展至三角洲湿地及行政区域等领域（陈辉等，2006；吴健生等，2013）。土地利用是人与自然交互作用的核心环节。土地利用/覆被变化（LUCC）与许多环境和生态问题密切联系，对景观格局变化、区域生态功能等会产生深远影响（Lambin 和 Geist，2001；李锐等，2002；赵米金和徐涛，2005），其变化过程对于维护区域生态安全发挥决定性作用。在城市化进程中，人类的开发活动主要在景观尺度方面进行（邬建国，2000；温晓金等，2013），城市发展以用地为依托，不同土地利用方式和强度下的生态影响呈现出区域性和累积性特征，直观地反映出区域生态系统变化（谢花林，2008；赵岩洁，2013），这种变化首先表现为具有高度空间异质性的景观要素的结构、相互作用以及功能的变化和演替（李景刚等，2008）。因此，从区域生态系统的景观结构与组成出发，研究土地利用/覆被变化下的区域生态风险具有重要的理论与实践意义。当前，我国学者在景观尺度上基于 LUCC 展开的区域生态风险评价主要集中在流域和小城镇（王娟等，2008；曾勇，2010），而对快速城市化进程中的大城市，特别是沿海大城市的土地利用生态风险评价相对较少。此外，已开展的相关研究多数集中在描述生态风险空间特征，而缺乏对土地利用动态与生态风险变化二者响应关系的深入研究。

从土地生态系统的角度，基于土地利用变化、土壤污染、土地承载力等综合因素分析区域土地生态风险并进行动态评价，目前仍处于起步和探索阶段。当前，国内主要针对城镇和流域尺度，以及矿区和湿地等特殊地类，开展土地利用生态风险评价，常用的评价有如下几种：

（1）相对风险模型（Relative Risk Model，RRM）。风险源多种多样、风险暴露途径复杂、胁迫因子难以量化等是土地利用生态风险评价面临的难题，而相对风险模型为解决这一难题提供了新思路。该模型由 Landis 和 Wiegers 于 1997 年提出，采用分级系统对评价单元内的各种风险源及生境进行评定，通过分析风险源、生境和生态受体的相互作用关系，给出区域风险评价综合方法，从而实现区域风险的定量化（Landis 等，1997；Suter 等，2003）。如刘晓等（2012）以三峡库区重庆开县消落区为研究对象，运用相对风险模型对研究区土地利用过程中所产生的生态风险源、生态受体进行甄选，构建概念模型，并对消落区的暴露和危害进行详细的计算分析，最后利用风险表征模型对所获得的相对风险密度、生境丰度、暴露系数、响应系数等数值进行综合计算分析，确定研究区域的生态风险等级。张晓媛等（2013）以 2007 年、2010 年两期遥感影像、社会经济统计数据和环境监测数据为基础数据源，采用 P-S-R 模型构建风险源、风险受体和风险响应评价指标体系，利用综合模糊评价法建立评价模型，对三峡库区屏障带重庆带土地利用生态风险进行了综合评估。

（2）"3S" 集成技术法。比如，臧淑英等（2005）运用 "3S" 集成技术，根据大庆市土地利用结构的变化特征，分析解释了研究区的土地利用生态风险空间分布特征和形成机理；龚文峰等（2012）运用 RS 和 GIS 技术，以城市化流域——松花江干流哈尔滨段为研究区域，揭示城市化背景下土地利用生态风险的时空分布特征、变化规律及形成机理，引入生态风险指数，建立生态风险评价模型，最大限度地降低城市化进程中的土地利用生态风险水平；马彩虹（2013）以 GIS 为分析手段，分析了黄土台源区土地资源开发利用的特征与土地利用生态风险分布情况，根据分析后的结果为研究区域土地资源开发利用提出了合理性的建议；韦仕川等（2008）基于 RS 和 GIS 技术，以东营市为例，研究了黄河三角洲土地利用变化及结构特征，确定了土地利用生态风险变化系数，并据此分析出研究区土地利用生态风险分布特征。我国的 "3S" 技术起步相对较晚，经过 40 多年的发展，地理信息行业已经初具规模，但面临着和国外同样的缺陷，同时在国内的应用研究中还很少将社会、经济指标融入到地理信息中，大多研究只是单纯地研究土地资源等地类结构的变化，无法定量分析土地利用生态风险的演化规律。

（3）景观指数法。如王娟等（2008）将景观生态学原理与分析方法运用到区域生态风险评价中，以云南澜沧江流域为例，在土地利用变化基础上，以景观格局指数组作为评价指标，揭示其生态风险时空变化景观特征。许妍等（2011）从土地利用变化和景观结构角度构建景观生态风险评价模型，定量评估了太湖地区景观生态风险时空动态变化特征。谢花林（2008，2011）以典型农牧交错带区域和红壤丘陵区为案例区，基于景观结构中的景观干扰度指数和脆弱度指数构建土地利用生态风险指数，并借助空间统计学中的空间自相关和半方差分析方法，进行土地利用生态风险的空间分布和梯度变化特征分析。

（4）土地利用生态风险指数法。即通过各土地利用类型的面积比例和各地类的土地利用生态风险强度参数构建土地利用生态风险指数（ERI），并采用网格采样方法进行空间分析，如安佑志等（2011）通过对生态风险指数进行半变异函数分析，运用克里格插值编制生态风险图对上海市土地利用生态风险进行分析。叶长盛等（2013）以 5 千米×5 千米的单元网格进行系统采样，借助空间自相关和半方差分析方法，探讨了珠江三角洲土地利用生态风险空间分布及变化特征。赵岩洁等（2013）以 500 米×500 米网格作为评价单元，借助 GIS 分析平台，对土地利用生态风险指数进行空间插值生成生态风险分级图，分析了三峡库区小流域土地利用生态风险的时空变化特征。李鑫等（2014）利用三个不同时段的 TM 遥感影像，结合社会经济等相关统计数据，建立了土地利用生态风险评价模型，基于 TM 像元定量评估了安徽省升金湖国家自然保护区湿地土地利用生态风险时空演变规律，研究发现，受人类经济活动的影响，保护区土地利用生态风险不断上升，生态风险面积不断扩大。

（5）其他探索性方法。如傅丽华等（2011）选取了景观及土地利用变化类型、土地利用分级程度、土地利用变化率、不同景观的生态服务价值为主要评价指标，建立生态风险评价模型，对长株潭城市群核心区土地利用进行了生态风险评价。刘勇等（2012）探讨了土地生态风险评价的理论基础，构建了包含土地质量风险、土地结构风险和土地承载力风险的土地生态风险综合评价模型，并提议将土地生态风险压力因子分为物理因子、化学因子和生物因子，为土地生态风险评价提供了新思路。

在矿区土地利用生态风险评价模型方面，常青等（2012）构建了矿区生态风险源、风险受体及作用对象与过程的因果链模型，结合矿区生态环境问题产生过程的独特性，将土地挖损、占用及塌陷等土地破坏作为矿区的直接生态风险源；基于土地破坏类型提出了适宜矿区的区域生态风险评价流程、指标体系与计算方法；并专门在定量化多风险源与多风险受体交互作用上进行探讨，构建了生态系统单元暴露指数和土地破坏累积作用指数来评价矿区土地破坏与生态系统单元的暴露和危害作用关系，为矿区生态风险评价的实证研究提供了理论基础与方法框架。在此基础上，他们又提出了基于 GIS 的矿业城市土地损毁生态风险定量评价与空间防范的思路和方法，并以吉林省辽源市为案例区开展了实证研究，结果表明，基于空间技术进行生态风险定量评价，能更好地识别矿区土地利用中的关键区域，为进一步减少甚至避免矿业资源开发中的土地损耗与生态破坏提供了空间途径，为矿业城市土地用地、土地复垦及综合整治规划提供了科学依据（常青等，2013）。

此外，胡柳梅等（2013）总结对比了目前褐色土地再利用环境风险评价的主要方法，并以福州典型褐色地块为例，探索性开展了褐色土地再利用的生态和健康风险评价。

### 四、关键性生态用地的识别研究

关键性生态空间也称为关键性生态用地，学者们普遍认为关键性生态用地的识别是以保护生态系统服务功能、维护关键生态过程、保障区域生态安全格局为目的的。如俞孔坚（2009）等基于景观生态学原理，认为关键性生态空间是指不同时空尺度下，维护关键生态过程的生态系统及其空间部位；邓红兵（2009）等认为关键性生态用地是提供生态系统服务、协调人类与土地的关系、改良地区生态环境质量的土地；唐双娥（2009）从法学视角将关键性生态用地界定为保证人类生态安全、以发挥生态功能为主的土地，或者其生态功能重要或非常脆弱需要修复、保护的土地；周朕等（2015）、欧阳志云等（2014）认为关键性生态用地主要是保持生态系统服务功能、维护关键生态过程和保障区域生态安全的土地。根据以上的总结和对关键性生态用地的理解，我们认为关键性生态用地是保障区域水资源保护安全、生物多样性保护安全、地质灾害防护安全、水土保持安全，维护区域景观格局完整性和连续性所需的基础性用地空间。它承担着维护生态土地的安全和健康的关键使命，并为社会提供持续不断的生态空间服务，是区域土地生态系统能持续性地提供自然空间服务的基本保障。

目前，国内有关区域关键性生态用地空间识别的研究尚处于起步阶段，已有研究主要采用两种方法。一是基于区域关键生态过程的景观安全格局分析法。如张林波等（2008）通过构建城市最小生态用地空间分析模型，确定了深圳市最小生态用地需求面积及其空间范围，具体方法如下：以维护自然景观格局的连续性为标准，选取深圳市珍稀濒危物种分布区的大型植被斑块和 7 个中型饮用水水源地水库作为研究的种子斑块，以某生态景观单元与种子斑块的距离作为评价指标值，对景观的空间属性进行赋值，从而判定景观单元空间结构。俞孔坚（2009）运用景观安全格局理论，以北京市东三乡为例，先分别确定雨洪管理和生物保护需求的生态用地空间格局，再将基于不同生态过程的生态用地进行空间叠加，得到研究区综合的生态用地。闫玉玉（2016）、文博（2017）等基于景观安全格局理论和方法构建具有不同安全水平的综合安全格局，探讨土地利用管理中的生态用地保护并提出建议。张晟源（2015）、宫雪（2016）等就延吉市建成区的生态用地进行了景观格局分析和空间结构评价，田丰昊（2016）对延龙图地区城市生态用地进行了空间结构和空间重要性评价，还运用 CA 模型进行了空间格局优化。赵小娜（2017）对延龙图地区生态用地进行空间格局特征分析，采用最小累积阻力模型，建立最小累积阻力表面，并借助 GIS 空间分析方法对研究区生态用地景观安全格局五个组分逐一识别，进而构建研究区生态用地景观安全格局，以此为途径对研究区生态用地进行保护研究。最后将景观安全格局与用地类型图进行叠加，针对景观安全格局五个组分一一探讨生态用地保护，并提出相应的建议。二是基于 GIS 技术的生态用地重要性指数评价法。如刘昕等（2010）基于生态系统服务功能理论，从生态环境、生态敏感性、气候、土壤和地貌五个方面建立江西省生态用地保护重要性评价指标体系，在 GIS 技术的支持下，研究其生态保护重要性和生态用地的空间分布，并根据生态用地保护重要性将其划分为禁止开发生态用地、限制开发生态用地和可适当开发生态用地三类。谢花林（2011）基于 GIS 技术，从水资源安全、生物多样性保护、灾害规避与防护和自然游憩四个方面，构建了空间尺度上的生态用地重要性综合指数和区域关键性生态用地空间结构识别方法，并进行了京津冀地区的实例研究。该识别方法将有利于指导我国土地的生态管理，开展生态保育和生态建设，维护区域生态系统健康与安全。周锐（2015）用同样的方法，从水资源安全、地质灾害规避、生物多样性保护三个方面，辨识了河南省平顶山新区生态用地的空间分布，确定了最小生态用地面积，并应用最小累积阻力模型构建了研究区生态用地的安全格局。结合前两位学者的研究结论，李益敏等（2017）运用层次分析法和 GIS 技术，从水土保持、地质灾害规避与防护、生物多样性保护和水资源安全四个方面，构建了流域重要生态用地识别指标及其识别方法，并识别出流域重要生态用地空间分布，对云南星云湖进行了研究。该研究识别结果能较好地反映重要生态用地维护流域的生态安全。以星云湖流域作为高原湖泊流域的典型，为高原湖泊生态保护提供了科学方向。李明玉等（2016）采用加权指数求和法，从生态服务功能、景观生态空间格局以及生态敏感性三方面建立生态重要性空间识别指标体系，结合 GIS 空间分析功能对延龙图地区生态用地的生态重要性进行空间识别，此项研究可以为地区的土地利用规划分区和生态用地分级保护提供参考与借鉴。考虑到目前对生态用地的研究主要集中在概念与类型的界定、生态用地数量与布局优化研究，而对生态用地重要性识别研究以及生态保护性的界定研究较少，王志涛等（2016）以地处农牧交错带的河北省沽源县为研究区，以 ARCGIS 9.3 软件为平台，构建基于水源涵养、地质灾害防护以及土壤保持三方面的生态用地重要性识别指标体系，识别出对于该县生态稳定具有重要作用的生态用地，并根据各单一生态过程的识别结果进行生态用地类型的划分，以期为沽源县生态用地的保护与生态建设提供数据支持与科学依据。袁家根（2016）运用遥感卫星准确地定义和选取训练样本，进行土地利用解译，根据安康市具体生态环境特征，选取水源涵养、土壤保持、生物多样性保护和生态防护四个指标，构建生态重要性评价指标体系，将生态用地的识别结果作为安康市生态保护的最大空间，将安康市生态系统服务功能极重要区作为安康市生态保护的最小空间，分析并尝试提出基于最小生态保护力度和最大生态保护力度下的生态空间开发与管理调控策略。

此外，胡海龙（2011）尝试构建了多智能体与蚁群算法耦合模型，用以解决城市生态用地选址问题，为城市区域关键性生态用地的空间识别提供了新的思路和方法借鉴。周联等（2016）基于生态系统服务的生态足迹模型确定维持黑河中游社会经济系统正常运行的最小生态用地数量，结合生态重要性与土地生态适宜性识别进行生态用地优化。但此项研究将生态系统服务价值、生境质量、人类生态需求作为生态用地重要性识别的三个依据，依然存在一定局限。今后应该结合区域的实际情况，进一步优化识别指标，比如将景观连接度、水资源安全等因素纳入研究中。

## 五、土地利用生态安全格局研究

土地利用生态安全格局是指能够满足和保障区域土地资源生态安全的土地利用格局（张虹波等，2006；马克明等，2004）。由于土地利用生态安全格局的问题从本质上说是利用景观生态学原理解决土地合理利用的问题，随着景观生态学原理日益渗透到土地合理利用的问题中，格局优化成为土地利用规划的核心内容（Guan 等，2003）。

### （一）面向生态的土地利用格局研究进展

以土地资源可持续利用为导向的区域土地利用结构优化研究中，生态因素已成为重要的约束条件和优化目标，生态安全的理念也开始在土地利用结构优化中得以体现。

在面向生态的土地利用结构优化方面，Makowski（2000）以欧亚体农用土地资源面临的最主要的污染问题为导向，以氮流失量最小为规划目标，建立了欧共体农用土地利用结构优化模型。Herrmann（1999）应用系统工程方法，从土壤肥力、地下水质量、地表水、群落生境和景观五方面选取指标作为生态约束条件，进行乡村土地利用结构优化设计。结合土地资源可持续利用研究，我国学者也开始了面向生态的土地利用结构优化方法的探讨。徐学选（2001）应用线性规划模型，以土壤侵蚀量作为生态约束条件，探讨了黄土丘陵区生态建设中农林牧土地结构优化模式。林彰平（2002）针对生态脆弱的东北农牧交错带的主要生态问题，提出了生态安全条件下土地利用模式优化研究的概念框架，并采用灰色线性规划模型，以生态效益最佳为目标，探讨了以生态安全为目标的优化技术规程、沙区分步优化判定层次标准、沙区土地利用分类和生态安全评价等，可以为沙区土地高效利用提供技术支持和优化范例。

另外，刘艳芳（2002）等对基于"绿当量"的最佳森林覆盖率标准的生态优化方法进行了探讨。在对生态标准的量化中引入了"绿当量"的概念，在考虑耕地与草地的生态服务价值的基础上，引入森林和耕地、草地之间的基于"绿量相当"的面积换算关系，定量测算出该类用地的生态绿当量。针对不同的区域，根据区域降水量、土壤饱和蓄水能力以及土壤自然含水量计算区域最佳森林覆盖率，并以此作为该地区生态优化的目标，这对于土地利用优化中关于生态标准的量化探讨有着重要的启示意义，但对土地利用结构生态标准的衡量指标只选取了森林覆盖率，这种选取还不尽全面，有待进一步完善。

综上所述，我国的土地利用结构优化研究多关注土地利用数量结构的生态优化（如林地覆盖率、坡耕地比例等），却忽视了土地利用空间格局对诸多生态过程的影响，如地表水的径流、侵蚀，物种的多样性，以及干扰的传播或边缘效应等。结构、功能、格局与过程之间的联系与反馈是景观生态学的基本命题（Turner，1989；Lenz 和 Stery，1995；Vuilleumier 等，2002）。景观生态学的一个最基本假设是空间格局对过程（物流、能流和信息流）具有重要影响，而过程也会创造、改变和维持空间格局（Wu 和 Hobbs，2002；Wu 等，2004）。景观生态学中的最优景观格局原理和生态安全格局原理为土地利用结构优化提供了重要的途径（Yu，1996；Opdam 等，2002；Seppelt 和 Voinov，2002；张虹波和刘黎明，2006）。

### （二）土地生态安全格局构建方法研究进展

传统的直接来自于景观格局优化的土地生态安全格局构建方法，如线性规划、灰色系统规划、层次分析法、系统动力学模型等，缺乏定量的空间处理功能，难以刻画景观要素空间上水平方向的相互作用（张惠远等，2000；秦向东等，2007）。为了体现景观生态学对格局优化的要求，人们越来越求助于空间直观模型。国外比较成功的案例有 Seppelt 等（2002，2003）对农业土地利用格局优化的研究，其中的优化模型建立了不同管理措施下的养分平衡，通过计算优化不同土地利用方式，以施肥措施下的最大产出值作为判别标准，建立了一个空间直观的动态生态系统模型进行数量模拟，利用基于随机过程的蒙特卡洛方法模拟检测优化结果的可信度。

从城市土地生态安全格局看，构建山水型城市高、中、低三种水平生态安全格局，可有效协调该类城市空间扩展与生态要素限制之间的矛盾。储金龙等（2016）以安庆市为例，运用高分辨率遥感影像识别生物多样性保护、水资源安全、地质灾害规避三类生态用地，采用 GIS 空间分析技术并基于多因子综合评价，将生态用地划分为极重要、较重要、一般重要三个级别。将极重要生态用地与相关法规、标准及政策所规定的禁建区作为来源，利用最小累积阻力模型，获得安庆市综合生态安全格局。最后，在生态安全格局基础上，提出建设用地开发策略。

土地生态安全格局的构建方法经历了由定性分析评估到定量计算、由静态优化到动态模拟、由固定条件下的孤立寻优到可变条件下的趋势分析、由数量配置为主到预测空间变化的过程，定量、可变、动态的空间模拟将是土地生态安全格局研究的主要方式。

土地利用格局变化与生态过程改变互为因果，了解局部演变时空规律及其演变驱动机制是结合生态过程进行土地利用格局分析和优化的前提及基础。但现阶段对土地利用格局、过程和功能相互作用的研究还不够成熟，还不能满足对土地生态安全格局设计的理论指导要求。

将上述两方面结合起来看，一方面，土地生态安全格局对动态的空间模拟提出越来越高的要求；另一方面，空间模拟迟迟得不到景观尺度上定量化规律的有力支持，使得传统"自上而下"的优化思路难以依靠模型实现自动化。要在目前景观生态学的基础研究水平上解决这个矛盾，似乎只有采纳复杂性科学所倡导的复杂性研究方法——"自下而上"的构模方法，针对特定的生态过程，并将生态过程结合到格局分析中。

在这方面，元胞自动机具有天然优势。基于元胞自动机的空间直观模型不关心景观尺度上定量化的规律，而是直接在较低的一个尺度上，从景观组成单元入手，模拟它们的状态和局部相互作用，即能在总体上表现土地利用格局的演变过程。这也是基于元胞自动机的空间直观模型在模拟土地利用空间格局与过程相互作用的研究中被广泛应用的主要原因（邬建国，2000）。

目前，国外已有一些学者基于 CA 进行土地利用规划的研究。例如，Strange 等（2002）发展了一种基于元胞自动机（CA）的进化优化算法，它能有效解决造林规划的空间决策问题。Mathey 等（2005，2007）通过设计一种基于 CA 的进化算法整合了时间和空间目标，探索了一种协同演化的元胞自动机模型，用于空间显现自然动态过程的森林规划。Stevens 等（2007）探讨了基于 GIS 和 CA 的城市规划决策模型。

近年来，国内也有部分学者开始尝试运用 CA 探讨土地利用格局的优化问题。Chen（2008）在综合使用"自上而下"的灰色线性规划（GLP）方法和"自下而上"的元胞自动机（CA）方法的基础上，建立了土地利用格局优化模拟模型，进行了中国北方农牧交错带生态安全条件下的土地利用格局优化模拟研究。刘小平等（2007）提出了基于"生态位"的元胞自动机的新模型，并探讨了如何通过"生态位"元胞自动机和 GIS 的结合进行城市土地可持续利用的规划。该模型可方便地探索不同土地利用政策下的城市土地利用发展前景，能够为城市规划提供有用的决策支持。杨小雄等（2007）探讨了元胞自动机模型在政策及相关规划约束、邻域耦合、适应性约束、继承性约束及土地利用规划指标约束下的土地利用规划布局的元胞自动机模型，并以广西东兴市为例进行了模型的仿真研究。赵冠伟等（2009）利用 CA 理论进行了城市边缘区多地类变化模拟研究的尝试。杨娟（2010）提出了基于多类支持向量机的元胞自动机模型（MSVM-CA），使元胞自动机不仅能模拟从非城市用地到城市用地的转变，还可以应用于模拟多种土地利用类型之间的演变。

值得注意的是，目前一些研究探索在利用 CA 模型进行土地利用动态模拟时与 MAS 相结合，以弥补 CA 模型未考虑人类决策行为对土地利用变化的影响的缺憾。如 Ligtenberg（2001）结合 MAS 和 CA 模型，建立了多智能体共同进行空间决策的土地利用情景模拟模型；Torrens（2002）在分析 CA 模型缺陷的基础上，建议利用 CA-MAS 耦合模型进行土地利用动态模拟；Valbuena 等（2010）基于多智能体系统在区域尺度上进行了土地利用变化与规划的模拟研究；Ligten-berg（2010）进一步论述了基于多智能体模型进行空间规划的验证问题。国内学者则主要应用于城市土地扩张模拟，如刘小平等（2006）提出了结合 MAS 与 CA 的微观规划模型，模拟了广州市海珠区 1995~2010 年的城市土地扩张，并讨论了在不同规划情景下城市土地资源的利用效率及合理性；杨青生等（2007）运用 MAS 与 CA 相结合的方法来模拟城市土地扩张过程；聂云峰等（2009）通过集成 MAS、GIS 和 CA，建立了城市发展模型，以 Repast 和 ArcGIS 为基础设计并实现了城市土地利用动态模拟系统，并以广州市番禺区为例进行了仿真实验；Zhao 等（2012）建立了 CA-MAS 耦合模型，将土地利用变化模拟结果应用于交通用地的需求模拟与分析中；曹敏等（2012）提出了基于多类支持向量机的元胞自动机模型（MSVM-CA），使元胞自动机不仅能模拟从非城市用地到城市用地的转变，还可以应用于模拟多种土地利用类型之间的演变；全泉等（2013）利用 CA 模型和 MAS 模型相结合的方法，在 GIS 技术手段的支持下开展了上海城市扩展动态模型研究。

综上所述，传统的土地生态安全格局设计方法大多停留在指标相互作用关系的静态设计上，且难以定量地考虑格局的空间优化。以空间显式模型为核心的格局模式，真正触及了土地利用格局的形成机制，并体现了景观生态学强调水平方向生态学过程的特征。因此，通过模拟格局演化进行设计的客观性和自动性程度较高，而且模拟演化过程本身就验证了生态安全方案的效果和可实现性。

## 六、土地利用生态安全预警研究

生态安全问题作为人类可持续发展的一个新命题在 21 世纪受到人们的普遍关注，随着城市化和工业化的快速发展，人们利用土地的粗放化、非规模化等不合理现象十分严重，土地的生态功能受到了严重的破坏，土地利用的生态安全问题逐渐成为土地可持续利用的瓶颈，为此土地利用生态安全的预警研究被提上了日程。生态安全预警可以追溯到 20 世纪 70 年代，伴随着土地生态安全问题的产生，土地生态安全预警也随之产生，国内外学者对于土地生态安全的预警进行了大量的研究。总的来说，国外学者多聚焦于监测预警方面的研究，而国内学者则主要集中在土地生态安全预警理论的探索、预警指标体系的选取、预警方法的探索和预警信息系统的建设等方面的研究。

马世五（2017）等基于 PSR（压力—状态—响应）的模型框架构建空间评价指标体系，运用空间统计方法和熵值法对三峡地区的土地生态安全预警进行研究，结果发现，随着年份的增加，土地生态安全预警指数逐步增长，并且非结构因素（随机因素）对土地生态安全的影响程度不断加大。余敦（2012）等通过 PSR 模型构建土地生态安全预警指标体系，并运用物元模型对鄱阳湖 2001~2008 年的土地生态安全警情进行评价，发现运用物元模型具有计算简便、意义明确、评价精度高等优点。张秋霞（2016）等通过 PSR 和生态—环境—经济—社会（E-E-E-S）模型框架构建土地生态安全评价指标体系，并以障碍度模型分析新郑市耕地生态安全障碍因子，发现地均化肥施用强度、耕地复种指数、人均粮食产量等是其主要障碍因子和耕地生态安全的改善重点。张祥义（2013）等采用 PSR 模型构建河北省的土地生态安全评价体系，并运用熵值法和综合指数法对河南省各市区土地生态安全进行评价分析，在此基础上对各市区现有土地生态安全状况的改善提出相应的政策建议。冯文斌（2013）等选取了 18 个指标构建土地生态安全评价指标体系，并且运用层次分析法对各指标进行加权计算记忆处理，得到江苏省土地生态安全综合指数，研究结果表明，江苏省的土地生态安全等级和水平达到了良好级。很多学者也运用"3S"技术对土地生态安全预警评价进行研究。孙芬（2012）等充分利用遥感数据、数字高程地图，在 GIS 软件的技术支持下，对丰都县沿江地区的土地生态安全进行警情分析，发现长江南岸土地生态状态良好，而长江北岸主要以轻警为主，土地生态功能退化较为严重。曲衍波（2008）等运用数字高程模型（DEM）、遥感数据对栖霞市的土地生态安全进行预警研究，并将警情划分为四个等级，研究结果发现该地区土地生态警情并不严重，整体来说，土地利用结构较好，实现了集约化的管理。彭文君（2017）等在 RS 和 GIS 的技术支持下，建立土地利用空间动态分析模型，对石漠化山区土地生态环境进行测度，结果发现，耕地、草地等农用地和未利用地发生了剧烈转换，城市化进程的加快对土地生态安全构成了严重的威胁。王娟（2015）等在 GIS 技术的支持下，对合水县进行土地利用生态安全状况的空间分析，研究结果表明，土地生态安全状况较好的地区多分布在城镇较少的区域，林地分布较多的区域往往对应良好的生态安全状况。

在土地生态安全预警评价方面，不同学者运用了许多不同的方法，诸如灰色

GM (1，1) 模型、能值分析、BP 神经网络、可拓分析以及情景分析等。其中，
人工神经网络分析方法的原理是大量简单的基本单元—神经元相互连接构成神经
网络，通过模拟人的大脑神经处理信息的方式，进行信息并行处理和非线性转换
的复杂网络系统，该方法对解决非线性问题有着独特的先进性，它可以避开复杂
的参数估计过程，同时又可以灵活、方便地对多成因的复杂未知系统进行高精度
建模，因此在评价类的研究中得到广泛应用，如曾浩等 (2011) 选取了 21 个指
标构建土地生态安全指标体系，运用 BP 神经网络分析方法对武汉市的土地生态
安全进行评价，发现武汉市的土地生态安全指数有提高的趋势。主成分分析方法
的优点是将多个具有相关性的要素转换成几个不相关的综合指标进行分析与统
计，综合指标有可能包含众多相互重复的信息，主成分分析在保证信息丢失最少
原则下，对原来的指标进行降维处理，把一些不相关的指标省去，将原来较多的
指标转换成能反映研究现象的较少的综合指标，这样能够简化复杂的研究，在保
证研究精确度的前提下提高研究效率。王鹏 (2015) 等通过主成分分析法对衡阳
市的土地生态安全进行评价，在 SPSS 软件的支持下选取 8 个指标，结果发现，
产业结构是影响衡阳市土地生态安全的主要因素。孙奇奇 (2012) 等通过主成分
分析方法，运用 SPSS 技术分别从社会、经济和自然因素中选取 21 个指标对哈尔
滨市 2001~2008 年的土地生态安全进行评价，结果发现近些年来哈尔滨市的土地
生态安全度有上升的趋势，但仍然存在不足。压力—状态—响应 (PSR) 模型的
优点在于使用了"原因—效应—响应"这一思维逻辑，体现了人类与环境之间的
相互作用关系。人类通过各种活动从自然环境中获取其生存与发展所必需的资
源，同时又向环境排放废弃物，从而改变了自然资源储量与环境质量，而自然和
环境状态的变化又反过来影响人类的社会经济活动和福利，进而社会通过环境政
策和经济政策的颁布，以及通过宣传影响人们的意识和行为来对这些变化做出反
应。如此循环往复，构成了人类与环境之间的压力—状态—响应关系。陈美婷
(2015) 等通过 PSR 模型构建土地生态安全评价体系，并且通过熵权法和径向基
函数 (RBF) 模型对广东省 2000~2016 年的土地生态安全进行评价，发现广东省
近年来土地生态安全预警度有降低趋势。韩晨霞 (2010) 等通过 PSR 模型，并
且结合 Excel 程序构建 FE (生态安全状态评价预警) 模型，对石家庄 1999~2020
年生态安全进行定量评估以及动态预测，研究发现石家庄的生态安全预警状态由
中警逐渐过渡到轻警，生态安全综合指数逐步提高。陈勇 (2016) 等通过 PSR

模型构建生态安全评价体系，并运用模糊综合评价指标法对地下铁矿山土地生态安全进行评估，发现山东省的土地生态安全状况虽然有不断上升的趋势，但仍然不容乐观，并据此提出了相关的政策与建议。然而，在指标选取上，已有的 PSR 概念模型不能把握系统的结构和决策过程，人类活动对环境的影响只能通过环境状态指标间接地反映出来，有关本质与安全机理的研究也不足；欧洲环境署基于此对 PSR 模型修正后提出的"驱动力（DrivingForce）—压力（Pressure）—状态（State）—影响（Impact）—响应（Response）"（DPSIR）概念模型从系统角度看待人和环境的相互关系，具有系统性、综合性等特点，能够监测各指标之间的连续反馈机制，有利于反映土地生态安全的系统过程。黄海（2016）等通过"驱动力—压力—状态—影响—响应"（DPSIR）概念框架模型构建土地生态安全指标体系，并且通过 TOPSIS 模型对山东省 2006~2013 年的土地生态安全状况进行评测。朱翔（2012）等通过 DPSIR 模型分别从驱动力、压力、状态、影响和响应五个方面构建土地生态安全预警评价模型，对 2001~2010 年湖南省的土地生态安全进行评价，发现湖南省的安全系统和状态系统呈现逐渐上升的趋势，而压力状况则呈现下降的趋势。灰色预测（GM（1，1）），是指对系统行为特征值的发展变化进行预测，对既含有已知信息又含有不确定信息的系统进行预测，也就是对在一定范围内变化的、与时间序列有关的灰色过程进行预测。其优点在于尽管灰色过程中所显示的现象是随机的、杂乱无章的，但其本质是有序的、有界的，因此可以通过对原始数据进行生成处理来寻找系统变动的规律，生成有较强规律性的数据序列，然后建立相应的微分方程模型，从而预测事物未来发展趋势的状况。李玲（2014）等通过灰色系统 GM（1，1）模型分析河南省未来 9 年的土地生态安全态势，发现土地生态服务系统遭到一定的破坏，需要对其进行安全规划及其管理。上述综述表明，可用于生态安全预警的方法较多，如何结合区域特征和研究目标选择合适的研究方法非常关键。严超（2015）等通过压力—状态—响应评价框架，以及 GM（1，1）模型对池州市 2001~2010 年的土地演变趋势进行考量，发现池州市土地演变的生态趋势在转好，并且影响土地生态安全的主要因素有人口密度、自然增长率等，这些均是今后调控的重点。

土地生态安全是一个随着时间动态演进的过程，伴随着人们对生态环境的逐渐重视，土地利用生态安全的预警可能会从中警向重警逐步过渡。当然，人们对于环境和土地的掠夺式或者粗放式的使用，同样也会导致土地生态安全状况的逐年恶化，所以对于土地生态安全的研究应放在一个时间的尺度上进行考量。崇连伟（2015）等通过 PSR 模型构建土地生态安全评价体系，且通过 GM（1，1）模型对黄土高原山区 2001~2010 年晋城市土地生态安全状况进行动态评测，发现晋城市的土地生态安全值有上升的趋势，而土地生态安全的"敏感度"有下降的趋势。刘庆（2010）等通过选取自然、经济和社会方面的指标构建土地生态安全评价体系，对 1999~2007 年长株潭城市群进行动态评价，发现该地域的土地生态安全综合指数呈现下降的趋势。许月卿（2015）等从土地自然基础状况、土地利用状况、土地污染、退化状况等六个方面构建土地生态安全评价体系，再运用综合指数法对生态脆弱区张家口 2000 年和 2010 年的土地生态安全状况进行动态监测，结果发现由于退耕还林和其他生态工程建设，土地的生态安全综合指数逐步上升。熊勇（2014）等通过 SPSS 软件和 GM（1，1）模型对贵阳市近 20 年的土地资源生态安全进行相应的动态分析，研究发现土地生态环境良性循环潜力大，但是生态脆弱性依然存在。

上述学者的研究表明，不同的研究区域所研究的土地生态安全动态过程存在空间上的不同，即存在空间的异质性。因此，及时对土地利用的生态安全进行预警显得尤为重要。张利（2015）等运用遥感数据和 GIS 技术，以栅格作为评价单元，并且以分类树法对滨海快速城镇化地区的预警状态进行分类，发现该地区不安全预警、亚安全预警、快速退化预警占土地利用总面积的比重较大。吴冠岑（2010）等运用权变理论、层次分析法和预警指标的动态发展趋势构建土地生态安全预警的惩罚型变权模型，对淮安市 1996~2005 年的土地生态安全进行评测，发现淮安市处于轻警区间并有逐步提高的趋势。黎德川（2009）等通过灰色关联预测模型，以及预警的原理和过程，通过明确警义、寻找警源、分析警情、预报警度和排除警患五个步骤对乐安市的土地生态安全预警进行评测并提出相关的政策与建议。庄伟（2014）等通过 PSR 模型、GM（1，1，）模型等一系列预测模型构建 2004~2014 年长生桥镇的土地生态安全预警系统基本模型，发现该地区的生态安全指数有上升的趋势。郜红娟（2013）等通过能值分析法，对贵州省 2000~2010 年的耕地利用的投入产出能值进行分析发现，这一期间贵州省的耕地利用生态安全指数有所下降，且生态安全预警状况由轻警状态恶化到中警状态。谭敏（2010）等运用 ArcGIS 空间分析方法、因子加权以及数理统计方法，运用地形地貌、水文和地质灾害等预警因子构建土地生态利用预警评价体系，发现北京市房山区的预警级别由低到高的面积呈现逐步下降的趋势。王耕（2008）等通过将状态和隐患结合起来，以淮河流域为例构建预警指数测算方法，对区域土地利用生态安全未来的演变趋势进行相应的判断和状态的预警。胡和兵（2011）用人工神经网络分析模型和生态足迹分析方法对池州市 1996~2004 年生态安全敏感地区预警设计，发现池州市对生态安全的利用超过了该地区的生态足迹，预警状态为不安全状态。张强（2010）等通过可拓综合分析方法以及"状态—胁迫—免疫"模型对陕西省 1997~2007 年的生态安全进行预警评估，发现 10 年间陕西省的生态环境从"不安全"到"较安全"和"安全"的状况逐步过渡，生态安全综合指数增高。高宇（2015）等通过多元线性回归模型，对榆林市 2012~2021 年的生态安全构建四种情景模型，发现榆林市的安全指数向不安全级别靠近，且生态安全问题的全面改善是一个较为漫长的过程。马志昂（2014）等基于 BP 人工神经网络分析方法构建土地生态安全评价模型，选取了 15 个指标构建土地生态安全评价指标体系，对 1998~2012 年的土地生态安全综合指数进行评价，研究发现，安徽省的土地生态预警指标从 1998~2002 年的"非常不安全"逐步过渡到 2008~2012 年的"较不安全"，土地生态安全综合指数逐年增高。土地利用的生态安全预警表明我国各地区的生态安全预警状态普遍不高，存在改善的空间，至此许多学者认为应建立相应的生态安全预警机制，使得土地利用的生态安全状态有自发提高的动力。

马晓钰（2012）等将人口承载力预警模型和最少人口规划界限相结合，针对新疆"脆弱、生态和人口"安全问题构建预警机制，对于人口减少、环境破坏和经济停滞做到提前预警。王瑾（2012）等对生态安全预警进行简要的分析，并且提出了将生态预警机制作为政府考核机制，积极呼吁学术界重视生态安全预警，为政府部门在预防生态危机和减少人员财产损失等方面提出相应的政策建议。王军（2007）等基于农业生态学原理、环境库兹涅茨曲线与生态安全耦合性研究，针对河南省农业状况的日益变差等问题，建立了生态安全预警机制。

尽管国内外学者对于土地利用生态安全预警进行了大量的文献与实践研究，但事实上仍然存在一定的缺陷以及不足：其一，目前的土地生态安全预警的研究单元往往局限于县（区）和流域，忽视了对县（区）内部的空间异质性以及更大空间尺度的研究。其二，土地生态安全预警指标体系的数据选取过多地依赖于统计年鉴等资料，往往缺乏实际调研数据，从而对于土地生态系统的自然属性的研究还远远不够。其三，忽视了土地生态安全预警系统在空间上的聚集规律和关联模式等空间演变的特征和过程。

# 第四节　研究目的和研究内容

## 一、研究目的

（1）在景观格局演变研究的基础上，本书采用森林破碎化分析模型建立森林破碎化地图、森林干扰模式地图，突破传统景观指数的限制，传递出破碎化及森林干扰模式的明确空间含义。

（2）将区域关键性生态空间辨识与未来土地利用变化格局模拟相结合，构建区域土地利用生态安全的预警机制，突破以往只针对单一具体的土地利用进行生态安全预警的研究范式。

（3）从压力—状态—响应三个方面选取耕地压力指数、单位耕地化肥负荷、生物多样性指数、有效灌溉率等 14 个指标，构建区域土地利用可持续性评价指标体系和综合评价模型，整体上反映了区域的土地可持续利用水平。

## 二、研究内容

本书选择江西省（部分研究选择鄱阳湖生态经济区）为研究对象，借助景观生态学理论，利用遥感和地理信息系统及空间统计学等方法，对江西省的土地利用景观格局变化进行了分析，探讨了江西省生态景观结构和动态特征的演变规律。在此基础上，进一步深化研究江西省最重要的生态用地—林地的破碎化模式及其演变趋势，并分析了林地干扰模型。

运用 RS 和 GIS 手段，通过生态系统服务功能重要性评价和生态系统敏感性评价方法，因地制宜地选取了相应的评价指标，以栅格为单元辨识了鄱阳湖生态经济区的关键性生态空间，运用元胞自动机（CA）模型模拟了鄱阳湖生态经济区在自然发展情景下的土地利用格局；在以上两者研究结果的基础上构建区域的土地利用生态安全预警机制。

根据土地利用的可持续性特征，从压力—状态—响应三个方面选取 14 个评价指标构建了区域土地利用可持续性评价指标体系和综合评级模型，对鄱阳湖生态经济区 31 个县（市）的土地利用可持续性进行评价。

最后，运用归纳总结法，探讨了研究区的土地利用生态安全格局优化方法，提出了范式实施的相关战略举措，为优化结果的顺利实施提供保障。

# 第五节　研究方法和技术路线

## 一、研究方法

本书结合土地科学、地理学和生态学理论的最新成果和发展动态，力求站在土地利用/土地覆被变化（LUCC）研究理论和实践的前沿，探讨区域土地利用生态安全的问题。依据上述思路进行研究时采用了比较严谨的科学方法，这些方法主要包括：

（1）系统分析法。系统分析（System Analysis）是把研究对象视为系统的一种研究和解决问题的方法。根据系统分析的一般原理，土地利用系统的目标应是多目标的综合，是经济效益、社会效益、生态效益三者之间矛盾的统一。同时，区域生态用地演变与调控技术方法研究面对的问题非常复杂，既要面对土地利用及其规划的问题，也要面对水环境、生物多样性、自然灾害等环境问题；既要熟悉土地利用规划的理论方法，又要掌握地理学、可持续发展理论、景观生态学、地球信息科学等基础知识，在研究的过程中，针对区域生态用地演变与调控的技术方法的问题，基本上做到了充分吸收相关学科的研究成果，并对其进行细致的分析和综合。

（2）景观指数分析法。土地利用格局及其变化是自然的和人为的多种因素相互作用所产生的一定区域生态环境体系的综合反映，其特征具有显著的时间性和空间性，景观的类型、形状、大小、数量和空间综合既是各种干扰因素互相作用的结果，又影响着该区域的生态过程和边缘效应。本书根据景观生态学中不同景观指数的含义，运用景观生态学中的格局指数分析法，揭示区域生态景观格局的变化特征。

（3）森林破碎化分析方法。运用森林破碎化分析模型建立森林破碎化地图、森林干扰模式地图，突破传统景观指数的限制，传递出破碎化及森林干扰模式的明确空间含义。

（4）多元 Logistic 回归统计分析法。为了从土地利用变化格局中，人们能够更好地理解生态利用变化是如何发生以及为什么发生，本书运用多元统计分析中的 Logistic 回归的原理，探讨区域生态用地空间演变的驱动因素。

（5）模型模拟法。作为具有时空特征的离散动力学模型，元胞自动机（Cellular Automata）不仅可以用来模拟和分析一般的复杂系统，而且对于具有空间特征的土地利用复杂系统更具有优势。本书利用约束性元胞自动机（CA）模型的基本框架，构建区域土地利用变化的元胞自动机模型，根据需要将现有模型进行修改，并应用数学手段进行参数敏感性分析、模型和数据的不确定分析。

（6）压力—状态—响应（PSR）模型。PSR 模型使用"原因—效应—响应"这一思维逻辑，体现了人类与环境之间的相互作用关系。人类通过各种活动从自然环境中获取其生存与发展所必需的资源，同时又向环境排放废弃物，从而改变了自然资源储量与环境质量，而自然和环境状态的变化又反过来影响人类的社会经济活动和福利，进而社会通过环境政策、经济政策和部门政策，以及通过意识和行为的变化对这些变化做出反应。如此循环往复，构成了人类与环境之间的压力—状态—响应关系。

## 二、技术路线

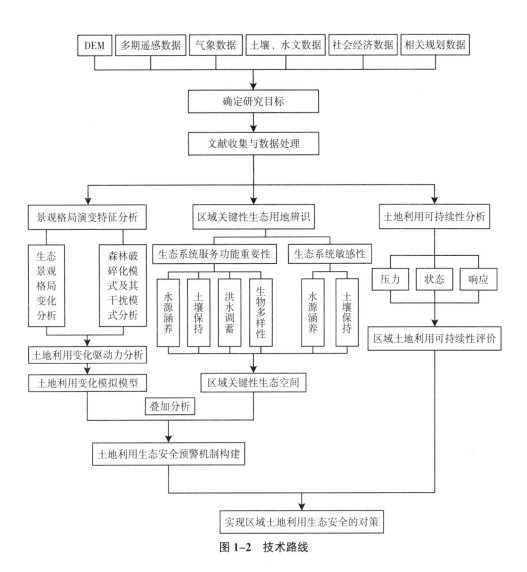

图 1-2　技术路线

# 第二章　土地利用生态安全的基础理论研究

## 第一节　景观生态学理论

景观生态学起源于 20 世纪 60 年代的欧洲，土地利用格局变化一直是其主要的研究内容。直到 20 世纪 80 年代初，景观生态学在北美才受到重视。景观生态学是一门横跨自然和社会科学的综合学科，其最突出的特点是强调空间异质性、生态学过程和尺度以及它们相互之间的关系。景观生态学的发展从一开始就与土地规划、管理和恢复等实际问题密切联系。自 20 世纪 80 年代以来，随着景观生态学概念、理论和方法的不断扩展和完善，其应用也越来越广泛。其中最突出的包括在保护生物学、景观规划、自然资源管理等方面的应用，传统的生态学思想强调生态系统的平衡性、稳定性、均质性、确定性以及可预测性。这一自然均衡模式在自然保护和资源管理的应用中长期以来占有重要地位。但是，生态系统并非处于"均衡"状态，时间和空间上的缀块性或异质性才是它们的普遍特征。不断增加的人为干扰使这些特征愈加突出。因此，强调多尺度空间格局和生态学过程相互作用，以及等级结构和功能的景观生态学观点，为解决实际环境和生态学问题提供了一个更合理、更有效的概念结构。景观生态学是借鉴生态学和地理学的概念、理论和方法综合研究地表景观的学科，是一门能够直接架起生态学理论研究与社会生产实践之间沟通桥梁的交叉学科。从景观生态环境的角度看，土地利用的结果实质上是增加或减少了一些景观元素，导致景观结构的变化，进而影响到景观生态功能的变化。

土地利用变化及其生态管控研究的指导思想、研究尺度、工作内容、技术手段等方面都与景观生态学有着共同的基础，景观生态学的理论和技术在土地利用变化及其生态管控研究中也有着广泛与深入的应用。所以，景观生态学的基本理论是土地利用变化及其生态管控研究的基本的、主要的理论基础，主要体现在评价方法、技术的理论方面。景观生态学的主要原理包括景观系统综合整体性和景观要素异质性、景观结构的镶嵌性、边缘效应原理、景观的自然性与文化性、景观演化的不可逆性与人类主导性、景观价值的多重性、景观生态安全格局理论及集中与分散原理等（傅伯杰，2000）。

## 一、景观系统综合整体性和景观要素异质性

景观生态系统由不同的生态系统以斑块镶嵌的形式构成，在自然等级系统中处于一般生态系统之上。与其他生态系统一样，景观生态系统具有特定的结构、功能，可以作为一个整体进行研究和管理。在景观生态系统中，各组分间的有机结合使得"整体大于部分之和"这个系统论的核心思想得以真正体现，同时，景观生态系统的复杂多样性和不同层次的稳定性也体现出了这一系统思想。

景观是由景观要素（Elements）有机联系组成的复杂系统，含有等级结构，具有独立的功能特性和明显的视觉特征。一个健全的景观系统具有功能上的整体性和连续性，从系统的整体性出发而研究景观的结构、功能和变化，将分析与综合、归纳与演绎相互补充，可深化研究内容，使结论更具逻辑性和精确性。

景观是由异质性要素组成的，景观异质性一直是景观生态学的基本问题之一。因为异质性同干扰能力、恢复能力、系统稳定性和生物多样性有密切的关系，景观异质性程度高有利于物种共生、异质性增加，即输入负熵，有利于景观生态系统的稳定。景观格局是景观异质性的具体表现，通过对外界输入能量的调控，可以改变景观的格局使之更适宜人类的生存。

## 二、景观结构的镶嵌性

自然界普遍存在着镶嵌性，即一个系统的组分在空间结构上互相拼接而构成整体。景观和区域的空间异质性有两种表现形式，即梯度和镶嵌。土地镶嵌性是景观和区域生态学的基本特征。Forman 提出的斑块—廊道—基质模型即是对此的一种表述，即景观由斑块（Patch）、廊道（Corridor）、基质（Matrix）三种类型

组成。斑块的大小、形状不同，有规则和不规则之分；廊道曲直、宽窄不同，连接度也有高有低；基质更为多样，从连接状到空隙状，从聚集态到分散态，构成了镶嵌变化、丰富多彩的景观格局。对景观镶嵌性的测定，可以从多样性、边缘、中心斑块和斑块总体格局等方面进行，包括多样度、优势度、均匀度、破碎度、分维数等多种指标。由于景观结构的镶嵌性，其中若干空间要素（廊道、障碍和高异质性区域）的组合，决定了物种、能量、物质和干扰在景观中的流动或运动，表现为景观的抗性作用。

## 三、边缘效应原理

对于边缘效应的进一步论述可由内缘比得出：

$$K = N/B \tag{2-1}$$

式中，N 为边缘带包围的内部区面积；B 为边缘带面积；K 为内缘比。

内缘比低，有利于斑块与基质环境的生态系统，内缘斑块容易融入基质中；内缘比高，则有利于保存斑块中的资源，对外界的干扰有较大的阻抗性。景观的边缘效应对生态流有重要影响，景观要素的边缘部分具有半透膜的作用，对通过它的生态流进行过滤。斑块和基质等边缘部分有不同于内部的物种及物种丰富度，边缘带越宽越有利于保护其内部的生态系统。而且从信息美学角度看，不同质的两种构景元素的边缘带，信息容量大，在构图上易于产生魅力。这正是景观规划设计中应注意并可以巧妙利用的地方。

## 四、景观的自然性和文化性

景观不是一种单纯的自然系统，而是被人类注入了不同的文化色彩的综合体。按照人类活动对景观的影响程度可划分出自然景观、经营景观和人工景观。当今地球上不受人类影响的纯粹自然景观日渐减少，各类不同的人工自然景观和人工经营景观（统称经营景观）占据了陆地表面的主体。人工景观或称人类文明景观是一种自然界原先不存在的景观，如城市、工矿和大型水利工程等，大量的人工建筑物成为景观的基质而完全改变了原有的景观面貌，人类成为景观中重要的生态组分。这类景观多以高效率的功能和通过景观的高强度能流、物流为特征，以规则化的空间布局为表现。人类对景观的感知、认识和判别直接作用于景观，同时也受景观的影响；文化习俗强烈地影响着人工景观和经营景观的空间格局；景观外貌可反映出不同的民族、地区人民的文化价值观。景观的多样性更多地表现为景观的文化性。由于景观的这种特性，景观评价的研究更多地涉及自然科学与人文科学的交叉。

## 五、景观演化的不可逆性与人类主导性

景观系统的宏观运动过程是不可逆的，它通过开放的系统，从环境引入负熵而向有序方向发展。景观系统演化遵循从混沌到有序再到混沌的循环发展态势。景观演化的动力机制有自然干扰和人为活动影响两个方面。由于当今世界上人类活动影响的普遍性和深刻性，对于作为人类生存环境的各类景观而言，人类活动无疑对景观的演化具有主导作用，通过对变化方向和速率的调控可实现景观的定向演化和可持续发展。

在人类活动对生物圈的持续性作用中，景观破碎化与土地形态的改变是其重要表现。景观破碎化包括斑块数目、形状和内部生境的破碎化三个方面，它不仅会导致生物多样性的降低，而且将影响到景观的稳定性。"通常把人为活动对自然景观的影响称为干扰（Disturbance）；对于管理景观的影响由于其定向性和深刻性则称为改变（Reform）；对人工景观的影响更具决定性的，可称为构建"（Build）（肖笃宁，1991）。在人与自然界的关系上有建设和破坏两个侧面，共生互利才是积极的发展方向。应用人与自然共生原理进行景观生态建设，是景观演化中人类主导性的积极体现。

## 六、景观价值的多重性

景观兼具经济、生态和美学价值，这种多重性价值判断是景观评价、规划和管理的基础。景观的经济价值主要体现在生物生产力和土地资源开发等方面，景观的生态价值体现在生物多样性与环境功能等方面，而景观的美学价值却是一个范围广泛、内涵丰富，比较难以评定的问题。随着时代的发展，人们的审美价值观也随之变化，比如，本来人工景观的创造是工业社会强大生产力的体现，然而久居高楼如林、车声嘈杂的城市之后，人们又企盼着亲近自然、返回自然，返璞归真又成为了新的时尚追求。

## 七、景观生态安全格局理论

MeHarg 在其《自然设计》(*Design With Nature*，1969) 一书中，系统地提出了尊重自然过程进行景观改变的设计思想，并在世界范围内广泛应用。各种景观类型在景观中代表着不同的生态过程和功能，针对一个景观来讲，维护生态过程和改善生态功能，首先要求分析景观的过程和机制，甄别各种景观单元在整体生态功能中的作用和地位；其次在景观改变中对于维持生态过程特别重要的景观单位予以保护或加强。这是因为，土地是非常有限的，在景观改变中，如要维护特定景观所具有的过程和功能，不可能、也没有必要使用大量的土地维护、加强或控制某种过程。如何用尽可能少的土地来最有效地维护、加强或控制景观特定的过程，成为在景观改变中一个关键性的问题 (俞孔坚，2001)。景观安全格局理论和方法的提出，为上述问题的解决提供了方法和理论支持。

景观安全格局理论是由俞孔坚在其博士论文 (*Security Patterns in Landscape Planning with a Case Study in South China*) 中提出的。景观安全格局理论认为，不论景观是均相还是异相，景观中的各组分生态过程并非同等重要，其中一些战略性的组分及其相互之间的空间联系构成安全格局，对景观过程和功能有着至关重要的作用和影响。在一个景观中，一些景观安全格局组分可以凭经验直接判断，如一个盆地的水口、廊道的断裂处或瓶颈、河流交汇处的分水岭，而另一些并不能凭经验判断，但可从以下三个方面进行考虑：①是否有利于对全局和局部的景观进行控制；②是否有利于孤立景观元素之间建立空间联系；③一旦改变，是否对全局或局部景观在物质和能量的效率和经济性，以及景观资源保护和利用方面产生重大影响。

从实质上，景观安全理论强调通过控制景观或区域中关键点和局部或空间关系，在不同层次上维护、加强或控制景观中的某种过程 (俞孔坚，1998)。按照在景观中维护、加强或控制的过程或目标，景观安全格局可分为生态安全格局、视觉安全格局和文化安全格局等。而根据景观或区域的主导景观过程分析，可以进行景观安全格局的分析和设计。判别景观安全格局有赖于安全指标的确定 (俞孔坚，2001)，如生态保护过程中的最小面积、最低安全标准、最小阻力曲线的门槛值等。

### 八、集中与分散原理

集中与分散原理是进行景观空间格局评价的主要依据之一。该原理认为土地利用在景观和区域上的生态最佳配置应该是：土地利用集中布局，一些小的自然斑块与廊道散布于整个景观中，同时人类活动在空间上沿大斑块的边界散布（Forman，1995）。土地利用集中布局，使得景观整体呈粗粒结构，可保持景观总体结构的多样性和稳定性，有利于作业专业化和区域化，并可抵御自然干扰和保护内部物种。小斑块和廊道可提高多样性，有利于多样性的保护，并可为严重干扰提供风险扩散。大斑块之间的边界区，是粗粒景观中的细粒区，这些细粒的廊道和节点对生境物种（包括人类）来说是非常有用的。因此，景观上的这种大集中与小分散相结合的模型具有多种生态优点和人类便利，是景观空间格局评价的理论标准。

# 第二节　人地关系协调理论

人地关系（Man-land Relationship）是地理学研究领域中一个古老的命题。人地系统是在地球的表层上面，人类的生产和生活等活动与地理环境相互作用所形成的巨大的、开放的系统（方创琳，2004）。人地关系是指人类社会和人类活动与地理环境之间的关系（尚海龙和潘玉君，2015）。早在1979年，我国著名人文地理学家吴传钧院士就曾经提出人地关系问题是地理学领域重要的研究问题，而后又在《论地理学的研究核心——人地关系地域系统》一文中强调"任何区域开发、区域规划和区域管理都必须以改善区域人地相互作用结构、开发人地相互作用潜力和加快人地相互作用在人地关系地域系统中的良性循环为目标，为有效进行区域开发与区域管理提供理论依据"（吴传钧，1991；刘盛佳，1998）。陆大道院士也曾多次撰文提出，人地关系地域系统问题是地球表层系统的研究领域中最为核心的问题（陆大道和郭来喜，1998；陆大道，2004；陆大道，2008）。作为地理学的理论概念，这里的"人"是指社会的人，是指一定生产方式下从事各种生产活动和社会活动的人，是指有意识地同自然进行物质交换而组成社会的人。"地"是指与人类活动紧密联系的，有机与无机自然界诸要素有规律结合的地理环境，也指在人的作用下已经改变了的地理环境，即社会地理环境（方创琳，2004）。人地关系是一个由自然、经济和社会系统组成的复杂系统，人与地是人地关系理论的两个重要方面，"人"是指人类本身及其经济社会活动，"地"是指人类生存的地理环境和自然资源（郭伟峰和王武科，2009）。人通过对自然资源的开发和利用改变了自身所处的地理环境，而这种外在的地理环境的状态变化又将反作用于人的活动，影响下一阶段人的决策和活动。因此，人地关系是一个动态的、不断变化的概念，人与地始终在相互影响、相互作用的关系中得以发展演化，人地关系随着不同时代的生产力发展水平以及社会经济的发展规模的不同而不同（任启平，2005）。

实际上，人地关系从人类诞生之时就已经存在了（郑度，2002；魏华杰，2012）。但人们真正开始研究这个问题，是在近代人地矛盾慢慢变得比较明显的阶段，尤其是在西方工业革命以后，全世界人口数量、经济规模和生产技术水平都在快速上升的时期。人类活动和地理环境的演化存在着相互作用的动态关系，地理环境是人类活动的基础支撑，而人类活动是地理环境演变的直接动力，人类活动不断地改造生态环境与利用自然资源，同时地理环境也不断地与人类活动系统进行物质流、能量流和信息流的转换。因此，人类的生产和生活活动会受到来自地理环境的反馈，即人类的活动（例如砍伐森林、围湖垦殖、填湖建房、修建水利工程及城市生产、生活活动）会在很多地区不同程度地改变地理环境，而且人类活动对地理环境的这种影响也会随着时间的推移不断加深，而地理环境会对这种影响做出反馈，对人类的生产和生活活动做出反馈。地理环境对这些影响的调整力度是存在上限的，如果人类的生产和生活等活动在地理环境承受的范围之内，那么地理环境会通过自身的净化等能力维持社会的发展，从而实现人地和谐共处；相反，如果人类的生产和生活活动超过了地理环境承受的范围，地理环境将无法通过自身的力量恢复到原来的状态，也会给人类生产和生活带来巨大的负面影响（赵艳和杜耘，1998）。可见维持人地和谐共处对于实现区域可持续发展来说是十分重要的（毛汉英，1991；杨青山和刘继斌，2005；孙峰华，2012）。

具体来说，根据区域开发强度与资源环境水平耦合的关系，可以构建人类活动强度与地理环境恶化程度的互动演化曲线（赵晓波，2010）。具体情况如图2-1所示。

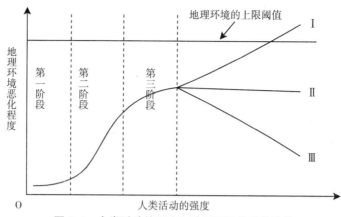

图 2-1　人类活动的强度和地理环境关系的演化

如图 2-1 所示，在第一阶段，人类的人口规模与经济发展规模相对较小，生产技术水平相对较低，因此人类的生产和生活活动对周围的地理环境无法产生很大的影响。在这个阶段，即使人类在生产和生活活动中对土地资源和其他资源造成了一些损害，也会因为远远没有达到土地等资源及周边生态环境的承载力上限，不会产生本质上的伤害。可以说，这个阶段，人类活动与地理环境相互作用的程度较弱。

在第二阶段，人类的人口规模与经济发展规模都实现了较大程度的提高，生产技术也有了比较明显的改善，人类活动与地理环境相互作用的程度显著增强。不过，这个阶段人地关系即使出现矛盾，也基本上是粮食生产方面的矛盾，即粮食生产可能会因为人口增加速度较快而出现供不应求的情况。但这个阶段人地矛盾还没有超过地理环境承载力，即对土地等资源及其周边生态环境的负面影响还没有超过其承载力上限，自然环境还可以进行自我修复，不会造成无法挽回的损失。

在第三阶段，随着生产技术水平不断提高，带动资源开发利用的广度和深度不断加大，各地区工业化和城镇化实现快速发展，这个阶段人类的人口规模和经济发展规模实现前所未有的快速提升，不仅资源的需求量不断增加，需求的缺口越来越大，人类的生产和生活活动对环境的影响也越来越大，加剧了人类活动与地理环境的矛盾与冲突。此时，地理环境对人类活动的约束与反馈作用较强，且面临着三种演变模式。

模式 I：不可持续的发展路径。这种模式继续沿用了原先的经济发展模式，即在社会和经济发展过程中不注意改变传统的"粗放型"的发展模式，始终没有把"外延式"发展的理念改为"内涵式"发展的理论，这样，随着经济发展规模越来越大，对各种资源的需求会越来越多，水土资源、矿产资源以及能源等消耗继续快速增长。这不仅会导致资源供不应求甚至出现资源枯竭的情况，还会造成严重的资源浪费和生态环境的破坏（魏后凯和张燕，2011）。因此这种模式显然是不可持续的发展模式。

就土地资源利用而言，在城市发展进程中，"粗放型"的城市发展模式容易导致城市土地难以实现高效利用，具体表现为土地资源的经济产出效益较低，利用强度不高，甚至会出现一方面土地资源十分紧缺，另一方面土地资源被大量闲置的情况（黄蛟，2010）。在农业发展过程中，"粗放型"的农业用地模式也会给农用地利用效率带来负面影响，具体表现是单位面积的农产品产量不高，或者是因为过量使用化肥农药等，造成农用地生产能力下降，周边环境也受到污染（王婷婷等，2013）。

模式Ⅱ：折中的发展路径，在这种发展模式下，始终存在着发展与生态环境保护的冲突。人们既要发展又要保护环境，但此时又不能完全放缓发展的速度，因此在采取一定的资源环境政策的同时，注重发展与资源保护同步进行，试图实现经济产值增加和环境保护能够兼顾。需要注意的是，资源环境恶化程度没有得到进一步的改善，地域系统仍然面临着严重的资源环境压力，仍需要分阶段地实施资源环境保护战略，促进人地关系的协调，尽量避免超过地理环境承受能力的上限（黄震方和黄睿，2015；王伟和孙雷，2016）。

模式Ⅲ：可持续的发展路径，在这种发展模式下，人们尽快接受"内涵式"发展的理念，采取积极有效的应对措施，逐渐将粗放型的经济发展方式向集约型的经济发展方式转变。这样的话，人类活动强度对资源环境的影响程度并不会随着经济发展规模的增加而迅速加深，甚至会有不断减轻的变化趋势，使得地理环境的恶化水平逐渐降低到地理环境承载力范围之内，实现人类活动强度与资源环境恶化水平的脱钩，从而促进两者的良性互动。综上所述，积极有效的措施是减弱人类活动对地理环境影响的重要措施，也会实现人类社会的长期可持续发展（王玉明，2011）。

就土地资源利用而言，要实现土地资源可持续利用，就要运用人地关系理论，不仅要做到经济效益最大化，还需要尽量减少对地理环境的不利影响，避免超过地理环境自我恢复的上限阈值。也就是说，在土地利用过程中，不仅要实现单位土地资源的经济产值不断增加，还要兼顾环境污染问题，使单位土地面积的污染物排放量不至于超过土地利用的最大环境容量（张等，2014）。

# 第三节　系统论与控制论

## 一、系统论

人类社会是一个巨大的经济环境负荷系统，包括社会、经济、环境等诸多方面，这些因素之间都不是孤立的，而是存在着广泛的、多层次的相互联系，同时，这些因素按照一定的结构进行组合，并表现出一定的功能。"系统"一词源于拉丁语"Systema"，是由"共同的"（sys-）和"使定位"（tema）构成的复合词，表示"集合"的概念。从汉语的意义看，"系统"的"系"指组成系统各要素之间的联系，"统"指各要素组成一个统一的有机整体。

所以，系统论是在强调整体有机性的基础上，直接针对机械论的单一化倾向建立起来的。系统论的创始人贝塔朗菲在描述19世纪的科学图景时说："科学的唯一目的是分析，也就是把类再分解成最小单元，分解成孤立的单个的因果系列。因此，物理世界被分解成质子和原子，生命有机体被分解成细胞……上述的关于近代科学的特征，即那种孤立单元按单向的因果方式起作用的图景，现在已证明是不够的。"因此，"必须按照相互作用的组成部分的系统"进行思维。他把系统定义为："处于一定的相互关系中的并与环境发生联系的各组成部分（要素）的总体（集合）。"（贝塔朗菲，1981）归纳起来，系统论具有以下几个基本观点：

（1）系统的整体性。系统是由两个以上的要素组成的整体，系统的整体性通常表述为"系统的整体不等于它各个部分的总和"。它包含两个方面的含义：一是系统的性质、功能和运动规律不同于它的组成要素的性质、功能和运动规律；二是作为系统整体中的组成要素具有它自身不具备的整体性。整体性观点要求我们在进行问题研究时要从整体出发，从全局考虑。

（2）系统的相关性。系统要素、环境都是相互联系、相互作用、相互依存、相互制约的，这种特征称为"相关性"或"关联性"。系统之所以运动，并具有整体功能，就在于系统与要素、要素与要素、系统与环境之间存在相互联系、相互作用的关系。

（3）系统的结构性。系统的结构使系统保持整体性及具有一定功能的内在根据，指系统内部各要素相互联系、相互作用的方式和秩序。系统内部各要素的稳定联系形成有序的结构，才能保持系统的整体性。结构和功能之间存在着辩证的关系，它表现在：一定的结构总是表现出一定的功能，一定的功能总是由一定的结构单元产生的；同时，功能也可以反作用于结构。功能和结构相比，功能是比较活跃的因素，而结构是比较稳定的因素。结构和功能的辩证关系为人们认识和调控土地利用系统提供了重要的原则和方法：①研究事物的结构是探索事物规律的基础；②优良的结构可以保持优良的功能；③改变结构从而改变功能以满足人的需要。

（4）系统的层次性。一方面，系统由一定的要素组成，这些要素又是更小一层要素的子系统；另一方面，系统本身又是更大系统的组成要素，这是系统的层次性。层次性观点要求我们在研究区域土地利用系统时，注意整体与层次、层次与层次之间的相互联系和相互制约关系。

（5）系统的动态性。系统的动态性是指系统自身及其环境都处于不断运动、发展、变化的过程中。动态性观点要求我们要用发展变化的观点研究区域土地利用系统，善于在动态中平衡系统，调控系统运动的过程，以便充分发挥系统的效益。

（6）系统的目的性。任何系统都是由其他要素按一定目的组成的，主要表现为客体系统在和环境发生作用的时候，总是通过反馈不断调整自己的行为使其达到某一目标。系统论把目的性与有序性联系起来，认为开放系统之所以朝有序方向运动，原因是有序方向正好是系统追求的目标方向。目的性观点要求我们在调控区域土地利用系统运行时，一定要把握系统运动的目标。

（7）系统的环境适应性。系统表现出的功能是由系统本身与环境共同决定的。在一定条件下，外部环境影响系统的结构、有序度和功能。系统的环境适应性要求在调控土地利用系统运行时，不仅要注意系统内各要素之间的调节，还要考虑系统与环境的关系。只有系统内部关系和外部关系相互协调统一，才能全面发挥其功能，保证系统整体向优化方向发展。

系统学理论可以从系统的角度揭示客观事物和现象之间相互联系、相互作用的共同本质和内在规律性（魏宏森，1995；朴昌根，1998）。土地资源的开发利用与经济发展、社会进步和环境建设息息相关，合理的土地利用方式，可以促进社会经济的发展，改善人类的生存环境，不合理的土地利用方式，则会阻碍社会经济的发展，造成生态环境的破坏；同时，社会经济的发展和生态环境建设的需要，也会促使人类改变原有的土地利用方式和土地利用强度。这种土地利用与土地利用需求之间相互作用、相互影响、相互制约的关系，是一种复杂的、动态的、不确定的、多尺度的、开放性的关系。土地利用系统是经过长期进化发展的一种自然—经济—社会复合生物生产系统，具有自己的边界、结构和功能（刘黎明，2004）。因此，系统学的一般理论、灰色系统理论、模糊系统理论、非线性系统理论等对于土地利用生态管控的研究和实践具有重要的指导意义。

## 二、控制论

控制论是研究人们如何对事物内在运行机制进行揭示，并通过干预使事物按照人们预定的标准或最佳的方式运行的理论。它的诞生以美国数学家诺伯特·维纳于 20 世纪 40 年代发表的专著《控制论》（或《关于在动物和机器中控制及通讯的科学》为标志。控制论到目前为止已经经历了三个主要的发展时期：以单因素控制为研究对象的经典控制理论时期、以多因素控制为研究对象的现代控制理论时期、以大系统为研究重点的大系统控制理论时期，由此控制的方法也从反馈控制、最优控制发展到大系统多级递阶控制，并逐步应用于经济、社会、生态、环境和管理等领域。现代控制论在实践中与技术科学、基础科学、社会科学和思维科学相结合，形成了以理论控制论为中心，包括工程控制论、生物控制论、社会控制论和智能控制论四大分支的庞大学科体系。

控制论的一个基本特征是在变化的过程中考察系统，这样一来就从根本上改变了研究系统的方法。控制论认为，任何事物的发展都存在着多种多样的可能性，因而具有一定的可能性空间。至于事物具体会发展成为可能性空间中的哪一种状态，则取决于外部条件。人们可以通过改变和创造条件，使事物在可能性控制内沿着确定的方向（或状态）发展。因此，控制的概念不仅与人类的选择有关，而且与事物发展变化的可能性空间有关，理性的控制结果是事物发展变化的可能性与人类选择目标的统一。

人类对系统（事物）的控制并非总是能达到理想状况，所采取的控制手段并不一定能达到预期的目标，控制过程也是不断认识系统（事物）的过程。

对系统（事物）发展变化机制的揭示，有助于有的放矢，从而进行控制。所以，在运用控制论的基本原理和方法对区域土地利用系统进行调控时，必须具备三个条件：

（1）被控对象具有多种发展变化的可能性空间。被控对象的可能性空间是被控对象在发展变化中面临的各种可能性的集合，被控对象变化的不确定程度取决于可能性空间的大小，可能性空间越大，不确定性越大，可能性空间越小，不确定性越小。

（2）目标状态在各种可能性中是可选择的。控制归根结底是一个在事物可能性空间中进行方向的选择过程，是实现事物有目的变化的活动。因此，目标状态在各种可能性中应是可选择的。

（3）具备一定的控制能力。若要使被控制对象向既定目标改变，达到控制的目的，就必须创造一定的条件，缩小可能性空间。控制能力是指创造一定的条件缩小可能性空间的能力。

人们利用并创造条件，把事物的可能状态转化为现实状态的过程，就是对该事物实施控制的过程（N. 维纳，1962；杜栋，2006）。土地资源功能的多样性，决定了人类的土地利用行为存在多种可能性；土地资源利用方式在一定程度上的不可逆转性，则要求人类在确定土地用途时要因地制宜地慎重考虑。要在综合考虑土地资源适宜性的基础上，坚持社会发展、经济进步和环境建设统筹兼顾、协调发展的思路，对区域土地资源进行总体上的科学安排和合理利用，确保有限的土地资源永续利用。所以，控制论也是进行土地利用生态管理的理论依据之一。

# 第四节　生态经济学理论

生态经济学是 20 世纪 50 年代产生的由生态学和经济学相互交叉而形成的一门边缘学科，它是从经济学角度研究生态经济符合系统的结构、功能及其演替规律的一门学科，为研究生态环境和土地利用问题提供了有力的工具。其理论基础除经济学和生态学原有的理论基础之外，还涵盖了当前自然和社会领域中独立的一些学科（地理学、社会学）和一些交叉学科（环境经济学）的理论。根据内容的差异，可将生态经济学的基本理论归纳为以下几个部分。

## 一、生态适宜理论

生态经济系统有着明显的地域性。不同的地域，从自然资源的形成条件到各种资源的数量、质量、性质及其组合都有很大差别，在空间上构成不同类型的资源地域组合。这就要求在资源开发利用前，必须通过全面系统的调查研究，查明资源地域分异的规律，并在进行适宜性评价的基础上分门别类，因地制宜地制定生态经济的规划和实施这些规划的政策，使生态建设和经济建设同步实施，在良性循环中协调发展。

## 二、食物链理论

食物链理论又称循环转化论。物质循环和能量转化是生物有机体内部的两种有规律的运动形式，前者指物质的循环运动规律，即生产中吸收无机物质通过光合作用合成有机物质，有机物质经过消费者利用，最终再经过还原分解成可被生产者吸收的无机物重返环境，进行物质再循环。后者指能量的转化运动规律，能量在生态系统中流动，是沿食物链营养级向金字塔顶部单方向流动转化，每流向一个营养级，只有 1/10 左右的能量转化为新有机体的能量，而大部分以热的形式损耗，从而熵值增加。能量在生态系统各成分之间消耗、转移和分配，一切物质的合成与分解，所有生物的生长和繁育，都伴随着能量的转化和物质循环。因此，按照循环转化理论，对生产中的废弃有机物质充分开发利用、多层次循环利用，可以获得经济增值。

## 三、系统阈值理论

生态系统本身具有一种内部的自我调节能力及负反馈效能，依靠这种效能，系统才能保持稳定和平衡。但是，这种自我调节能力不是无限度的，每一种生态系统都由于结构不同而具有某种数量限度，这个数量限度称为临界值，或称阈值或容受力。当生态系统中的某个组成部分由于外界的干扰，包括人类不适当的干扰，而使系统受到的伤害超过这个临界值时，生态系统的自我调节功能就不能再起作用，从而引起系统功能的退化和结构的破坏，最终导致生态系统的溃乱和经济系统的衰落。生态经济临界值包括资源承载力和环境容量两方面。

## 四、生态平衡理论

生态环境质量的优劣，是以生态是否平衡作为主要标准的。生态平衡就是一个地区的生物与环境在长期适应的过程中，生物与生物、生物与环境成分之间建立了相对稳定的结果，整个系统处于能够发挥其最佳功能的状态。主要表现在：生态系统的物质输入与输出维持平衡，生物与生物、生物与环境之间结构上保持相对稳定的比例关系——生态系统食物链的能量转化、物质循环保持正常运行，即生态系统的物质收支平衡、结构平衡和功能平衡。

随着人类社会的发展，产生的各种环境问题已经严重影响了生态系统各部分的结构和功能，生态系统的平衡和稳定也受到了威胁，不但给人类自身带来了损害，也给社会经济系统带来损害，甚至在部分国家和地区，生态环境恶化已经深刻影响到了社会经济的持续发展。在土地资源的开发利用过程中，要充分认识到各种土地利用行为可能对环境所造成的影响，坚持从土地资源适宜性出发，结合区域环境质量现状和潜在的环境问题，确定科学合理的土地利用目标，在保障社会经济持续发展的同时，加强环境问题的治理，有效改善环境质量，实现社会、经济和环境效益最大化，确保人口、资源环境和发展的和谐统一（王智平，1999；毕宝德，2001；陈之荣，1997）。上述理论在社会经济发展中提供了重要理论指导的同时，也为土地利用规划环境影响评价提供了重要理论基础。

土地利用本身就是由土地自然生态系统与土地生态经济系统组合而成的复杂系统，内部要素之间相互联系、相互制约，其中任何一种因素的变化都会引起其他因素的相应变化，影响系统的整体功能。生态经济学理论认为，当前的资源环境问题，如土地沙化、水土流失、土壤污染、自然灾害频繁等，是不合理的土地利用使生态环境遭到破坏所致。因此，人类利用土地资源时，必须要有一个整体观念、全局观念和系统观念，考虑到土地生态经济系统的内部和外部的各种相互关系，不能只考虑对土地的利用而忽视土地的开发、整治和利用对系统内其他要素及周围生态环境的不利影响。

对此，应在结构管理方面按土地生态系统的功能建立土地生态系统的最佳结构，确定土地利用最佳结构，同时注重土地利用方式的生态适宜性；在土地资源开发、利用方面，不能超过资源的可更新力与生态系统阈值，以保持区域生态系统的稳定性。同时，以生态平衡理论为指导，在能量和资源的利用上，要做到有取有补，开发与保护并重，维持生态平衡；在效益追求方面，生态效益与经济效益并重，不能单纯追求经济的增长和利润而忽视了经济效益。

土地是重要的基础性资源，土地开发利用既不是纯粹的经济过程，也不是纯粹的生态过程，而应该是经济过程和生态过程的有机统一，其实质是生态经济、社会的协调发展（周毅，1998）。生态经济协调发展理论是依据社会发展的基本原理，对客观存在的问题进行科学分析，对经济社会因素和整个自然因素相互作用的发展历程进行客观分析（刘树臣，1996）。所以说，生态经济协调理论在资源、环境的开发利用中具有重要的指导作用。

## 五、生态径向系统的演化机制理论

### (一) 生态经济系统的进化反馈机制

该机制是指系统具有自组织、自加速生产的能力。从系统结构与功能的关系来说，生态经济系统某种结构的形成，能够促使系统功能的强化，而功能的强化又反过来促进结构的拓展，如此反馈循环。与进化反馈相反的情形，我们可以称它为退化反馈。退化反馈使生态经济系统的结构朝相反方向发展，偏离人们的目标，像黄土高原生态经济存在的恶性循环形成越垦越穷—越穷越垦的势态，便是退化反馈的集中体现。但是，退化反馈可以使生态经济系统的生长受到某种"极限"的限定，不可能无限制生长。进化反馈与退化反馈机制是生态经济系统长期演化的重要机制，在生态经济系统演化生长期，多以进化反馈占主导地位，以后进化反馈逐渐衰退并遇到退化反馈，二者交替作用的结果就是所谓的"顶级"（廖明辉，1990）。

### (二) 熵作用原理

根据耗散结构理论，系统熵的变化 ds 由两部分组成：

$$ds = dS_e + dS_i \tag{2-2}$$

式中，$dS_e$ 是系统通过与外界能量交换而引起的熵流；$dS_i$ 是系统内部不可逆过程产生的熵增加。由于 $dS_i \geq 0$，对于孤立系统，有 $dS_e = 0$，故 $ds \geq 0$，系统将发生不可逆熵的增加，直到达到最大熵道即系统的热力学平衡状态，此时系统处于高熵无序状态。而对于生态经济这样的开放系统而言，系统熵变 ds 可以小于零，因为系统在与外界质能交换的同时引入负熵流，正是这种负熵流的引入抵消系统内热力学过程的熵增从而形成整个系统的低熵有序状态。生态经济系统靠的就是外界物质、能量的输入将系统推离平衡区域，在非线性作用下，形成有序的结构并具有相对稳定性（廖明辉，1990）。

### （三）结构稳定性原理

生态经济系统的结构稳定性是指系统在一段时期里保持内部结构的基本不变或结构稳定扩张的特性。它赋予系统抗御外来冲击和内部混乱的能力。生态经济系统结构的形成是由于进化反馈的作用，系统获得了一种自组织的机制，在生物与生物之间、生物与环境、人与环境之间发生功能、结构的相互耦合。反馈形成网络，结构造成适宜结构生存、扩张的内环境，系统便因而具有整体的抗逆性、稳定性、扩张性。结构稳定性原理告诉我们，要在短时期内人为主观地去改变某种结构往往会得不偿失；结构稳定性原理还告诉我们，生态经济系统除具有一系列内部特征外，还具有向外扩张的特性（廖明辉，1990）。

### （四）生态经济系统涨落作用机制

涨落机制说明的是生态经济系统的微观行为何以导致宏观结构的变化，宏观结构又怎样影响微观行为的过程。生态经济系统的结构虽然在一定时期是稳定的，但并不是所有系统微观行为都符合这种结构，促进结构的生长和扩张。相反，微观行为存在着大量的与主体结构的差异。比如，某地农村产业结构变革时期，由于政策、方针的改变，农民可以自由地从事农、工、商、连、运、服等各产业，各农民或家庭最终就业行业则受其自身的生产技术经验和手艺影响，而受外界提供的社会服务条件、市场价格、地区传统、择业风险诸多因素的影响，微观行为可能各不相同，因而"就业"具有涨落和随机性。这种偏离系统总体均值的涨落对于生态经济系统中的净化是有着极为重大的意义的。某些局部地域的、微观的、个体的涨落（区涨落）甚至可以导致整个生态经济系统宏观结构的改观，即微观涨落被引发、被放大，这种情形产生于新结构取代旧结构的变革时期，像"多米诺骨牌"倒塌一样。涨落放大成为宏观特征的过程是：最初的微观涨→初始结构→稳定态（或"顶级"）。此过程中的临界和通信是生态经济管理中的重要概念。涨落达不到一定临界就会衰退下去，而系统的内外开放程度、通信效率越高，临界点也越易达到，涨落被放大的可能性越大。生态经济系统微观涨落放大成为宏观特征必须具备以下条件：①客观上存在着涨落，微观个体行为具有自主性、多样性。②形成高的通信效率。③涨落能达到临界。④正反馈形成网络。涨落机制可以很好地说明开放改革的重大作用，同时也给管理提供了有效的途径，如发展交通、能源、教育事业（廖明辉，1990）。

**（五）环境容量的有限性**

在涨落放大的过程中，新结构的诞生往往伴随着系统内环境的改善，亦即"小生境"的出现。生物群落的演替，优势种群的出现，必然改变生物生存的小环境，适宜的环境促进生物的生长，通过结构与环境的进化反馈便完成生物群落由"小生境"到"大气候"的演变。然而，涨落放大的同时，会出现负反馈的机制，在新的结构不断生长过程中，逐渐遇到其他结构的竞争、旧结构本身的发展远景和系统环境的种种限制。从人类生态学而言，人类种群增长亦呈现出该特征，人类智慧、生产力科学技术上的不断进步使人类成为生物圈中增长速度最快的种群，毫无节制地追求物质财富和盲目乐观地征服大自然极大地限制了其他生物的发展，特别是动物的增长、资源枯竭、环境恶化、能源短缺，生存空间拥挤的困境，环境容量有限性的作用终于爆发出来，成为人类生存发展的一大障碍（廖明辉，1990）。

# 第三章　研究区概况

江西省，中国省级行政区，简称赣，是中国内陆省份之一，拥有丰富的资源，生态环境良好，但经济发展处于劣势地位。在习近平总书记的绿色发展理念指导下，充分发挥绿色生态这个最大优势，打造美丽中国"江西样板"，加快绿色崛起是江西近年来的发展目标。

其中，鄱阳湖生态经济区作为江西省设立的第一个国家级经济开发区，是以鄱阳湖为核心，以鄱阳湖城市圈为依托，以保护生态、发展经济为重要战略构想的经济特区。同时，鄱阳湖生态经济区范围内的鄱阳湖是我国第一大淡水湖，是中国重要的生态功能保护区之一，也是世界自然基金会划定的全球重要生态功能区，在区域和国家生态安全中扮演着重要的角色，发挥着水源涵养、土壤保持、调蓄洪水、保护生物多样性的重要生态功能。

## 第一节　地理位置

江西省地处北纬 24°29′14″~30°04′41″，东经 113°34′36″~118°28′58″之间，东邻浙江省、福建省，南连广东省，西接湖南省，北毗湖北省、安徽省而共接长江，属于华东地区。江西省全省面积 16.69 万平方千米，辖 11 个地级市、100 个县（市、区），省会为南昌市。

其中，鄱阳湖生态经济区位于长江中下游南岸、江西省北部，以鄱阳湖为核心，由环鄱阳湖的 38 个县（市、区）组成，包括南昌、鹰潭、景德镇 3 市，以及九江、新余、抚州、宜春、上饶、吉安的部分县（市、区）（见图 3-1），面积 5.12 万平方千米，占江西省总面积的 1/3，占全省 3/5 以上的经济总量，承载了

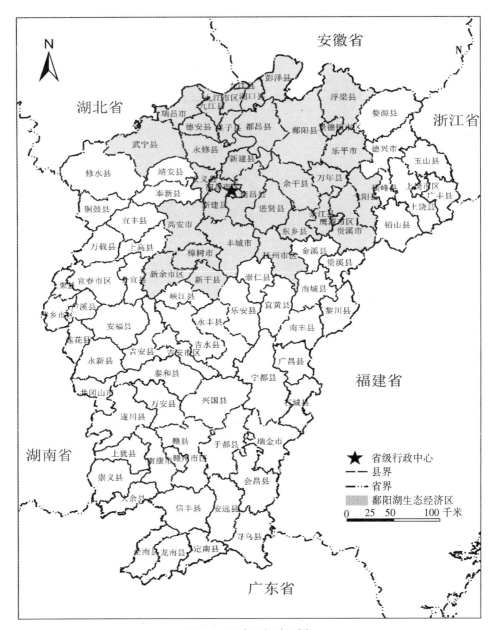

图 3-1　研究区行政区划

江西省近 1/2 的人口，是江西省重要的经济发展中心，在行政区划上涵盖 2016 年新近设立的中部地区第二个国家级新区"赣江新区"规划范围，因此，更加凸显了研究鄱阳湖生态经济区的重要性。

# 第二节 自然环境概况

## 一、地质地貌概况

江西常态地貌类型以山地、丘陵为主，属江南丘陵的主要组成部分，山地占全省面积的 36%，丘陵占 42%，平原占 12%，水域占 10%。省境东、西、南三面环山，中部丘陵和河谷平原交错分布，北部则为鄱阳湖湖积、冲积平原。鄱阳湖平原与两湖平原同为长江中下游的陷落低地，由长江和省内五大河流泥沙沉积而成，北狭南宽，面积近 2 万平方千米。地表主要覆盖红土及河流冲积物，红土已被切割，略呈波状起伏。湖滨地区还广泛发育有湖田洲地。水网稠密，河湾港汊交织，湖泊星罗棋布。地质与地貌构造上，以锦江—信江一线为界，北部属扬子准地台江南台隆，南部属华南褶皱系，志留纪末晚加里东运动使二者合并在一起，后又经受印支、燕山和喜马拉雅运动多次改造，形成了一系列东北—西南走向的构造带，南部地区有大量花岗岩侵入，盆地中沉积了白垩系至老第三系的红色碎屑岩层，并夹有石膏和岩盐沉积；北部地区形成了以鄱阳湖为中心的断陷盆地，盆地边缘的山前地带有第四纪红土堆积。这是造成全省地势向北倾斜的地质基础。

其中，鄱阳湖生态经济区所在位置为长江中游红壤低山丘陵地带，海拔最高点约为 1755.58 米，区域内有岗地、平原、丘陵、山地、水域等，地貌类型复杂、变化多样（见图 3-2）。鄱阳湖生态经济区地形起伏度为四周高、中间低，由内向外呈现着鄱阳湖湖体水域、滨湖平原、丘陵岗地、山地的环状阶梯分布模式，由此形成了鄱阳湖独具特色的湿地平原和湖滩草洲的自然生态系统。鄱阳湖生态经济区的地质构造复杂独特，中部和南部地区属于华南褶皱系，主要由包括类复理石在内的海相碎屑岩为主的下古生界构成，北部地区属于扬子准地台江南台隆，不同的地质构造发展演化显现出不同的地质结构特征，从而形成了以鄱阳湖为中心的断陷盆地，且盆地边缘的山前地带堆积有第四纪红土。

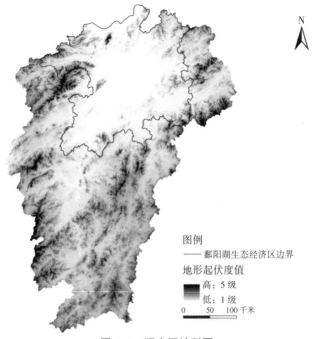

图例
—— 鄱阳湖生态经济区边界
地形起伏度值
高：5级
低：1级
0    50    100 千米

**图 3-2　研究区地形图**

## 二、气候状况

江西属亚热带季风湿润气候，四季分明且天气复杂多变。冬季冷空气活动频繁；春季多对流性天气；4~6 月降水集中，是江西的雨季，这一时期易发生洪涝灾害；雨季结束后全省主要受副热带高压控制，天气以晴热高温为主，常有干旱发生。7~8 月有时受台风影响，会出现较明显降水。秋季晴天多、湿度较小、气温适中，是江西省一年中最宜人的季节。江西年平均气温 18.0℃，最冷月 1 月平均气温 6.1℃，最热月 7 月平均气温 28.8℃，极端最低气温为-18.9℃（1969 年 2 月 6 日出现在彭泽县），极端最高气温为 44.9℃（1953 年 8 月 15 日出现在修水县）；年平均日照时数 1637 小时，年总辐射量 4446.4 兆焦/平方米；年平均降水量为 1675 毫米；年无霜期平均天数 272 天。

其中，鄱阳湖生态经济区地处亚热带湿润气候，四季交替变化明显，春季温和多雨，夏季炎热湿润，秋季凉爽少雨，冬季寒冷干燥。北部气温相对较低，南部气温相对较高，年平均气温为 8℃~18℃，无霜期长，平均无霜期长达 240~280天（见图 3-3）。由于受亚热带季风气候和湿润气候的影响，暖湿气流交互作用，降雨丰沛，西北部相对较少，东南部相对较多，多年年平均降雨量在 1500~2000

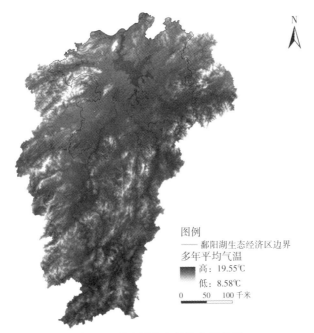

**图 3-3 研究区多年平均气温差异**

毫米, 其中, 最高地区降水量超过 3800 毫米, 且降水量年内分布不均匀, 主要
集中在 4~6 月, 多以暴雨、大雨以及连续阴雨的形式出现, 如图 3-4 所示。

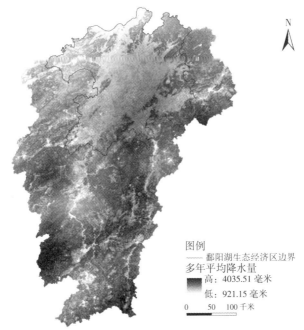

**图 3-4 江西省多年平均降雨量分布**

## 三、土壤概况

红壤和黄壤是江西最具代表性的地带性土壤。其中，以红壤分布最广，总面积13966万亩，约占江西总面积的56%，根据红壤的发育程度和主要形状，大致可划分为红壤、红壤性土、黄红壤三个亚类。黄壤面积约2500万亩，约占江西总面积的10%，常与黄红壤和棕红壤交错分布，主要分布于山地中上部，海拔700~1200米。土体厚度不一，自然肥力一般较高，常用于发展用材林和经济林。此外，还有山地黄棕壤，而山地棕壤和山地草甸土面积很少。非地带性土壤主要有紫色土，是重要旱作土壤，此处有冲积湖积性草甸土。石灰石面积不大。耕作土壤以水稻土最为重要，面积3000万亩左右，占江西耕地面积的80%。

鄱阳湖生态经济区土壤资源富饶，多为淤泥冲积而成的湖积、冲积平原和河谷平原，地表主要覆盖红土及河流冲积物，土壤自然肥力高，农业生产潜力大，为农、林、牧、副、渔业的综合发展提供了有利的自然条件，区内主要土壤类型有红壤、紫色土、黄棕壤、黄壤、黄褐土、石质土、石灰土、火山灰土、潮土、水稻土、新积土以及山地草甸等，其中以红壤和水稻土分布最为典型和广泛，占鄱阳湖生态经济区土地总面积的80%以上（见图3-5）。土壤是母岩情况、形成特点、肥力特性、气候环境、地形地貌以及人类活动等综合作用的自然体，是区域生态环境的重要组成部分，一方面土壤类型的形成和分布，因地理位置、海拔高度、地形地貌、植被类型、水位水质等的不同而不同；另一方面土壤类型的成分、组成元素、结构特征也决定了是否会发生生态环境问题以及发生类型和等级。总体而言，鄱阳湖生态经济区土壤类型丰富，且土层肥沃，为当地农业生产和社会经济发展提供了良好的自然基础和内在条件。

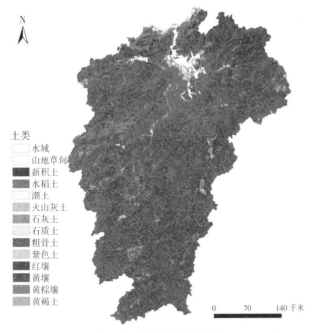

N

土类
水域
山地草甸
新积土
水稻土
潮土
火山灰土
石灰土
石质土
粗骨土
紫色土
红壤
黄壤
黄棕壤
黄褐土

0    70    140 千米

图3-5 研究区土壤类型

## 四、动植物概况

    江西有种子植物 4000 余种，蕨类植物约 470 种，苔藓类植物 100 种以上。低等植物中的大型真菌可达 500 余种，有标本依据的就有 300 余种，其中可食用者有 100 多种。植物系统演化中各个阶段的代表植物江西均有分布，同时发现不少原始性状的古老植物，还有"活化石"银杏等。江西珍稀、濒危树种有 110 种，属于中国特有。其中 60 余种属中国亚热带特有，16 种属中国江西特有。这些品种约占江西珍稀树种的 73.3%。江西境内尚有不少古木大树，如庐山晋植"三宝树"、东林寺"六朝松"以及树龄逾千年的"植物三元老"之一的古银杏也保留有数十处；在婺源县篁岭保存有 80 多株红豆杉，是世界上公认的濒临灭绝的天然珍稀抗癌植物。江西保留下来的古木大树有近 40 种，分属 13 科 29 属，分布点达 95 处之多。历年调查表明，江西有脊椎动物 600 余种。其中鱼类 170 余种，约占全国的 21.4%（淡水鱼）；两栖类 40 余种，占全国的 20.4%；爬行类 70 余种，约占全国的 23.5%；鸟类 270 余种，占全国的 23.2%；兽类 50 多种，约占全国的 13.3%。

鄱阳湖生态经济区气候温暖湿润，土壤肥沃，资源丰富，适宜森林植物的生长，区内植被覆盖度差异较大，四周低山丘陵岗地植被覆盖度高，中间鄱阳湖滨湖湿地植被覆盖度低，区内主要植被类型有亚热带常绿阔叶林、常绿与落叶阔叶混合林、山顶矮林以及竹林等，种属繁多，已查实鉴定的有 2400 余种植被，其中低山丘陵岗地地带性植被主要为比较常见的常绿阔叶林和常绿与落叶阔叶混合林等，区域内部鄱阳湖滨湖湿地有高等植物 600 余种，已查明的有 403 种。鄱阳湖生态经济区低山丘陵岗地野生动物共 410 种，其中鸟类种数最多，共计 35 科 310 种，占全国鸟类种数近 1/4，而每年到鄱阳湖湿地越冬的水鸟数量达 30 多万只，是重要的候鸟越冬栖息地。鄱阳湖生态经济区有鱼类 139 种，占江西省整个鱼类总数的 82%，可以说是江西省最大的鱼库，其中经济价值较大的鲤鱼、青鱼、草鱼、鲍鱼、贝、螺等产量丰硕。拥有国际《湿地公约》指定范围的典型湿地水禽近 160 种，留鸟 45 种，冬候鸟 155 种，夏候鸟 107 种，迷鸟 3 种，且区内白鹤种群的拥有量占全球的 98% 以上，是当今世界上最大的白鹤群栖息地。鄱阳湖生态经济区有兽类 16 科 52 种，爬行类 10 科 48 种，有属国家一级保护动物的白鳍豚，属国家二级保护动物的江豚、水獭、穿山甲、小灵猫等。鄱阳湖生态经济区独具特色的自然生态系统，为众多动植物繁衍生息提供了有利的自然环境和生存条件。

## 五、土地利用类型概况

江西省土地利用基本呈现"六山一水两分田，一分道路和庄园"的特征。江西省土地总面积为 $16.69 \times 10^4$ 平方千米，到 2010 年，江西省耕地面积 $4.49 \times 10^4$ 平方千米，占总面积的 26.90%；林地面积 $10.40 \times 10^4$ 平方千米，占总面积的 62.32%；草地面积 $0.69 \times 10^4$ 平方千米，占总面积的 4.16%；水域面积 $0.76 \times 10^4$ 平方千米，占总面积的 4.57%；建设用地面积 $0.34 \times 10^4$ 平方千米，占总面积的 2.04%；未利用地面积 $0.19 \times 10^4$ 平方千米，占总面积的 0.01%。

鄱阳湖生态经济区总土地面积为 $5.12 \times 10^4$ 平方千米，土地利用类型主要为耕地、林地、草地、水域、建设用地、未利用地等（见图 3-6）。其中，耕地占土地总面积的 38.96%，林地占土地总面积的 42.02%，草地占土地总面积的 3.79%，水域占土地总面积的 11.76%，建设用地占土地总面积的 3.46%，未利用地占土地总面积的 0.01%。可以发现，鄱阳湖生态经济区主要的土地利用类型为耕地和林地，占到研究区总面积的80%以上。因此，要重点保护耕地资源和林地资源不被破坏，充分挖掘其功能潜力，发挥耕地在增加粮食作物和经济作物产出，保证粮食安全上的优势，发挥林地在涵养水源、保持水土、净化空气和截流降水以及生物多样性方面的优势。

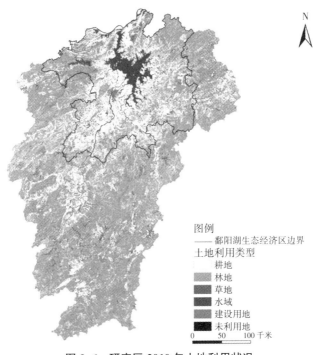

图 3-6  研究区 2010 年土地利用状况

# 第三节  社会经济概况

2016 年，全年实现地区生产总值（GDP）18364.4 亿元，比上年增长 9.0%。其中，第一产业增加值 1904.5 亿元，增长 4.1%；第二产业增加值 9032.1 亿元，增长 8.5%；第三产业增加值 7427.8 亿元，增长 11.0%。三次产业结构由上年的 10.6：50.3：39.1 调整为 10.4：49.2：40.4，三次产业对 GDP 增长的贡献率分别为 4.8%、47.4% 和 47.8%。人均生产总值 40106 元，增长 8.4%。赣江新区成功获批，成为中部第二个国家级新区；昌九一体化向纵深拓展，昌抚一体化加快推进，吉泰走廊发展迅速，赣南等原中央苏区主要经济指标增速高于全省平均水平，赣东北、赣西两翼发展活力增强。城乡基础设施不断完善，建成东乡至昌傅等12条高速公路，全省高速公路通车里程基本达到6000千米。建成武九客专江西段、上饶三清山机场。赣深客专等4条铁路顺利开工。大唐抚州电厂第二台机组、西气东输三线江西段等项目建成投运，统调电力装机突破2000万千瓦；全省500千伏主干电网形成大环网，线路突破4000千米。加强城市规划建设管理，在鹰潭、萍乡等9个市县开展"多规合一"试点，一批中心镇、特色镇建设稳步推进。全省城镇化率达到53.1%，提高1.48个百分点。扎实推进新农村建设，乡村面貌展现新景象。

鄱阳湖生态经济区是我国九大商品粮基地之一，其汇聚了江西省六大工业体系。京九铁路、沪昆高铁等在此交会，毗邻长株潭城市群、武汉城市圈、皖江城市带，雄踞长三角、珠三角、闽东南三大经济发达地区的核心位置，是连接中国东西南北的重要枢纽要道，因而正在加速成为中部地区新的经济增长点，在中部六省中是独一无二的存在。鄱阳湖生态经济区率先在全国构建起生态产业体系，以生态农业、新型工业和现代服务业为支撑的生态产业逐步居于主导地位，人均生产总值突破45000元，达到全国平均水平。围绕生态环境保护和生态产业发展两个核心任务，加快发展升级，大力推进八大工程，培育壮大八大板块，加快建设昌九一体化、南昌先导区、共青先导区、昌抚一体化四大平台，引领带动区域升级。根据《江西统计年鉴（2016）》，鄱阳湖生态经济区人均GDP是江西省平均水平的1.46倍，该地区会聚了江西省70%的科技工作者及85%的高校工作者。

# 第四章 江西省生态景观格局动态变化分析

## 第一节 引言

土地利用和土地覆被变化（LUCC）研究在全球气候变化、粮食安全、土壤退化和生物多样性等关键问题研究中发挥着越来越重要的作用（李秀彬，1996）。景观是以类似方式重复出现的、相互作用的若干生态系统的聚合所组成的异质性土地地域（Forman 和 Godron，1986）。景观本身是人类经济活动的资源和开发利用的对象，人类的经济开发活动主要是在景观层面上进行，因而景观成为研究人类活动对环境影响的适宜尺度（彭建，2004；谢花林，2008）。景观格局是景观异质性的具体体现，又是各种生态过程在不同尺度上长期作用的结果（邬建国，2000）。景观格局影响生态学过程（种群动态、动物行为、生物多样性、生态生理和生态系统过程等）（Risser，1984；Pickett，1995；Turner，1989；邬建国，2000）。景观格局及其变化是自然和人为等多种因素相互作用的结果，影响着区域的生态过程和边缘效应（陈利顶，1996；邬建国，2000；许慧，2003）。因此，分析区域生态景观空间格局及其动态变化特征，有助于探讨景观格局和生态过程间的相互关系，揭示生态景观变化的规律和机制，为人类定向影响生态环境并使之向良性方向演化提供依据。

江西省是中部崛起的重要省份。随着工业化、城镇化快速发展，区域产业结构、城乡关系发生了显著变化，并促进了区域土地利用景观格局的明显变化（何书金，2002；武剑，2010；周小萍，2006；郭丽英，2009）。江西省的景观空间格局是若干生态过程与非生态过程长期作用的产物，景观的空间结构影响着干扰的扩散和能量的转移，尤其是区域景观中某些战略性的结构退化或破坏将对整个区域生态环境产生致命的影响。因此，本研究以 1990 年、2000 年和 2010 年三期土地利用现状图为基础，对江西省的土地利用景观格局变化进行分析，探讨江西省的生态景观结构和动态特征的演变规律，有利于理解区域生态系统的演变趋势，为实现区域土地利用的生态安全提供理论依据。

# 第二节　数据来源和研究方法

## 一、数据来源

本研究中江西省 1990 年、2000 年以及 2010 年的土地利用数据来源于中国科学院资源与环境科学数据中心，数据形式为栅格格式，格网单位为 100 米 × 100 米。土地利用类型主要包括耕地、林地、草地、水域、建设用地和未利用地六种。

## 二、研究方法

### （一）景观格局动态度分析

土地利用景观空间格局的动态变化可以利用景观空间格局的动态度以及景观类型的转移矩阵分析。景观空间格局的动态度主要利用研究末期与研究初期的景观类型的面积之差与研究时段的比来分析某段时期内的景观类型变化状况。景观空间格局转移矩阵主要用于分析各景观类型的变化程度，包括某一景观类型转出与转入状况，从而直接地刻画出各景观类型的变化方向与特征。公式如下：

$$Z = \frac{W_b - W_a}{W_a} \times \frac{1}{T} \times 100\% \tag{4-1}$$

式中，Z 代表研究时段内某一景观类型的动态度，$W_b$ 表示研究末期该类景观类型的面积，$W_a$ 表示研究初期该类景观类型的面积，T 表示时间跨度，当 T 的时段设定为年时，Z 的值就是该地区的某一景观类型的年平均变化率。

**（二）景观类型转移概率矩阵**

在景观类型转移矩阵的基础上，建立景观类型转移概率矩阵，用以描述景观类型的变化剧烈程度，公式为：

$$Q_{ij} = \sum_{ij}^{n} \left[ \frac{dE_{i-j}}{E_i} \right] \times 100\% \qquad (4-2)$$

式中，$E_i$ 为研究初期第 i 类景观类型总面积；$dE_{i-j}$ 为研究时段内第 i 类景观类型转化为第 j 类景观类型的面积总和；n 为研究区发生变化的景观类型数量，$Q_{ij}$ 为研究时段内第 i 类景观类型转化为第 j 类景观类型的转移概率。

**（三）景观类型转入/转出贡献率**

转移矩阵的方法描述了不同景观类型自身变化的情况，为了充分体现出景观格局中不同类型景观的地位和作用信息，对比分析各景观类型转入和转出的空间格局和数量特征，本研究采用景观类型转入/转出贡献率。

（1）景观类型转入贡献率。

$$L_{ii} = \sum_{j=1}^{n} S_{ji}/S_t \qquad (4-3)$$

式中，$L_{ii}$ 为除第 i 类外的其他景观类型为第 i 类景观类型转入面积占景观总转移发生量的比例；$S_{ji}$ 为第 j 种景观类型向第 i 种景观类型转移的面积；$S_t$ 为景观类型转移的总面积；n 为景观类型的数量（下同）。$L_{ii}$ 可以用于比较不同景观类型在景观动态变化的转入过程中面积增量分配的差异。

（2）景观类型转出贡献率。

$$L_{0j} = \sum_{j=1}^{n} S_{ij}/S_t \qquad (4-4)$$

式中，$L_{0j}$ 为第 i 类景观向除第 i 类外的其他景观类型转移的面积占景观总转移发生量的比例；$S_{ij}$ 为第 i 种景观类型向第 j 种景观类型转移的面积。$L_{0j}$ 可用于比较不同景观类型在景观动态变化的转出过程中面积减量分配的差异。

**（四）景观格局指数分析**

景观空间格局的指数主要从斑块、类型和景观三个角度进行衡量。而后两者主要是从中观和宏观的角度对景观格局进行分析。本章的研究重点主要从后两者进行分析，并在 FRAGSTATS 4.2 软件的技术支持下，参照《FRAGSTATS 4.2》的操作手册在相应的 Analysis Parameters 下的 No Sampling 选择相应斑块类型和景观的各指标类型进行分析，从而得到指标的数值。本研究在斑块类型级别中主要选取的是斑块数量（NP）、斑块密度（PD）、最大斑块指数（LPI）、边缘密度（ED）、周长—面积分维数（PAFRAC）、散布与并列指数（IJI）、斑块结合度指数（COHESION）、分离度（SPLIT）、聚集度（AI）9个指标。而景观指标则主要从斑块数量（NP）、斑块密度（PD）、最大斑块指数（LPI）、边缘密度（ED）、周长—面积分维数（PAFRAC）、蔓延度指数（CONTAG）、分离度（SPLIT）、聚集度（AI）、散布与并列指数（IJI）9个指标进行选取，各指标的含义见表4-1。

表4-1　景观指数

| 景观指数 | 公式 | 含义 |
|---|---|---|
| 斑块数量 | $NP = N$ | NP越高，代表破碎程度越高；反之则破碎程度越低 |
| 斑块密度 | $PD = \dfrac{N}{A}$ | PD值越大，代表斑块的破碎程度越高；PD值越小，代表破碎程度越低 |
| 最大斑块指数 | $LPI = \dfrac{NAX(a_1, \cdots, a_n)}{A}$ | 反映的是最大斑块对整个景观的影响程度。LPI值越小，表示某种景观类型所代表的最大斑块面积越小 |
| 边缘密度 | $ED = \dfrac{\sum\limits_{k=1}^{m} z_{ik}}{A}$ | ED值表示斑块的边界数量，可以反映出景观类型的复杂程度 |
| 周长—面积分维数 | $\ln(P/4) = k\ln(A) + c,\ FD = 2k$ | 分维数越大，代表其受人类的干扰程度越大；反之则越小 |
| 散布与并列指数 | $IJI = \dfrac{-\sum\limits_{k=1}^{m}\left[\left(\dfrac{e_{ik}}{\sum\limits_{k=1}^{m} e_{ik}}\right)\ln\left(\dfrac{e_{ik}}{\sum\limits_{k=1}^{m} e_{ik}}\right)\right]}{\ln(m-1)}$ | IJI值越大，与周围各类型的斑块连接程度越好；反之则代表仅与少数的几种类型相接 |
| 斑块结合度指数 | $COHESION = \left[1 - \dfrac{\sum\limits_{j=1}^{m} P_{ij}}{\sum\limits_{j=1}^{m} P_{ij}\sqrt{a_{ij}}}\right]\left[1 - \dfrac{1}{\sqrt{A}}\right]^{-1}(100)$ | COHESION值越大，代表斑块之间的结合程度越高；反之则越小 |
| 分离度 | $SPLIT = \dfrac{A^2}{\sum\limits_{j=1}^{m} a_{ij}^{2}}$ | SPLIT代表分散程度，其值越大表示分散程度越大；反之则越小 |

| 景观指数 | 公式 | 含义 |
|---|---|---|
| 聚集度 | $AI = \left[\dfrac{g_{ii}}{\max \to g_{ii}}\right](100)$ | AI 值表示斑块间的聚集程度。AI 值越大表示斑块间的聚集程度越大；反之则越小 |
| 蔓延度指数 | $CONTAG = 1 + \dfrac{\sum\limits_{i=1}^{m}\sum\limits_{k=1}^{m}\left[(P_i)\left(\dfrac{g_{ik}}{\sum\limits_{k=1}^{m} g_{ik}}\right)\right]\left[\ln(P_i)\left(\dfrac{g_{ik}}{\sum\limits_{k=1}^{m} g_{ik}}\right)\right]}{2\ln(m)}$ | CONTAG 反映了不同类型的斑块之间的聚集程度。其值越高，表示各类型之间连接程度越好；反之，则代表各类型之间连接程度越差 |

# 第三节　结果分析

## 一、各景观类型动态变化总体特征分析

利用 ArcGIS 10.1 对 1990 年、2000 年、2010 年三个时期的数据进行相互掩膜叠加分析，得出 20 年间的土地利用动态变化情况，并通过不同土地利用类型的转入以及转出数量进行分析，可以得到相应的土地利用类型转移矩阵，以及不同土地利用类型分别在三个时期所占面积以及构成比例。

在耕地景观变化方面，江西省耕地面积由 1990 年的 45432.74 平方千米下降到 2000 年的 45218.42 平方千米再下降到 2010 年的 44905.04 平方千米，所构成比例由 1990 年的 27.21% 下降到 2010 年的 26.90%，由动态度变化分析表可以看出 2000~2010 年平均变化率速率下降速度比 1990~2010 年的要快，如表 4-2 所示。

表 4-2　1990~2010 年的土地利用类型面积及构成比例

单位：平方千米，%

| 用地类型 | 1990 年 | | 2000 年 | | 2010 年 | |
|---|---|---|---|---|---|---|
| | 面积 | 构成比例 | 面积 | 构成比例 | 面积 | 构成比例 |
| 耕地 | 45432.74 | 27.21470483 | 45218.42 | 27.084984 | 44905.04 | 26.89827 |
| 林地 | 103685.43 | 62.10869876 | 103930.10 | 62.256327 | 104037.32 | 62.3187 |
| 草地 | 7525.18 | 4.507664843 | 7275.82 | 4.3586358 | 6937.33 | 4.155484 |

续表

| 用地类型 | 1990 年 | | 2000 年 | | 2010 年 | |
|---|---|---|---|---|---|---|
| | 面积 | 构成比例 | 面积 | 构成比例 | 面积 | 构成比例 |
| 水域 | 7668.14 | 4.593299628 | 7710.89 | 4.6188488 | 7635.35 | 4.5736 |
| 建设用地 | 2610.78 | 1.563885338 | 2786.61 | 1.6691887 | 3409.41 | 2.042248 |
| 未利用地 | 19.61 | 0.011746603 | 20.04 | 0.012016 | 19.53 | 0.011699 |

由转移矩阵表（见表 4-3、表 4-4）可以看出，耕地的转出类型主要为建设用地，前 10 年转移了 366.04 平方千米，后 10 年转移了 471.02 平方千米。其原因主要是江西省一直是我国中部欠发达地区，经济发展水平相较于其他省份来说比较落后。近年来，随着鄱阳湖生态经济区的建设上升为国家战略以及振兴赣南苏区等一系列政策措施的颁布，江西省经济增速加快，建设用地不断向城镇周边扩张，这导致大量耕地被占用，耕地面积出现进一步缩减。从转移矩阵表中亦可看出，耕地面积的增加主要由林地转入，在前 10 年的转化构成比例当中所占比例为 5.07%，而后 10 年为 0.43%。由表 4-5 可以看出，1990~2000 年和 2000~2010 年这两个时间段的转出贡献率均高于转入贡献率，两者的差值依次为 2.71%、17.89%。

**表 4-3　1990~2000 年的转移矩阵**

单位：平方千米，%

| 1990 年 | 2000 年 | | | | | |
|---|---|---|---|---|---|---|
| | 耕地 | 林地 | 草地 | 水域 | 建设用地 | 未利用地 |
| 耕地 | 4220348 | 235796 | 2131 | 27331 | 36604 | 64 |
| 百分比 | 93.332496 | 2.268794 | 3.179161 | 3.544468 | 13.13567 | 3.193613 |
| 林地 | 229450 | 10070112 | 48512 | 11902 | 8377 | 190 |
| 百分比 | 5.0742596 | 96.89312 | 6.667565 | 1.543531 | 3.006162 | 9.481038 |
| 草地 | 24145 | 71889 | 652671.94 | 2605 | 1190 | 18 |
| 百分比 | 0.5339638 | 0.691705 | 89.70412 | 0.337834 | 0.427042 | 0.898204 |
| 水域 | 24055 | 10559 | 2498 | 728142.08 | 1156 | 4 |
| 百分比 | 0.5319735 | 0.101597 | 0.343329 | 94.43034 | 0.558385 | 0.199601 |
| 建设用地 | 23780 | 4522 | 733 | 1108 | 230928.96 | 6 |
| 百分比 | 0.5258919 | 0.04351 | 0.100745 | 0.143693 | 82.87094 | 0.299401 |

| 1990 年 | 2000 年 | | | | | |
|---|---|---|---|---|---|---|
| | 耕地 | 林地 | 草地 | 水域 | 建设用地 | 未利用地 |
| 未利用地 | 64 | 132 | 37 | 1 | 5 | 1722 |
| 百分比 | 0.0014154 | 0.00127 | 0.005085 | 0.00013 | 0.001794 | 85.92814 |
| 合计 | 4521842.08 | 10393010.1 | 727582.08 | 771088.96 | 278660.96 | 2004 |

表 4-4　2000~2010 年的转移矩阵

单位：平方千米，%

| 2000 年 | 2010 年 | | | | | |
|---|---|---|---|---|---|---|
| | 耕地 | 林地 | 草地 | 水域 | 建设用地 | 未利用地 |
| 耕地 | 44472.97 | 134.67 | 6.94 | 131.07 | 471.02 | 0.08 |
| 百分比 | 99.03781 | 0.129444 | 0.100038 | 1.716621 | 13.81529 | 0.002346 |
| 林地 | 195.97 | 103570 | 24.5 | 15.76 | 126.71 | 0.25 |
| 百分比 | 0.43641 | 99.55082 | 0.353162 | 0.206408 | 3.716479 | 0.007333 |
| 草地 | 44.6 | 319.09 | 6890.64 | 11.71 | 10.44 | 0 |
| 百分比 | 0.099321 | 0.306707 | 99.32697 | 0.153366 | 0.306211 | 0 |
| 水域 | 185.71 | 11.07 | 15.05 | 7473.43 | 25.63 | 0 |
| 百分比 | 0.413562 | 0.01064 | 0.216942 | 97.87934 | 0.751743 | 0 |
| 建设用地 | 5.33 | 2.43 | 0.2 | 3.38 | 2775.27 | 0 |
| 百分比 | 0.011869 | 0.002336 | 0.002883 | 0.044268 | 81.4003 | 0 |
| 未利用地 | 0.46 | 0.06 | 0 | 0 | 0.34 | 19.2 |
| 百分比 | 0.001024 | 5.77E-05 | 0 | 0 | 0.009972 | 0.983147 |
| 合计 | 44905.04 | 104037.32 | 6937.33 | 7635.35 | 3409.41 | 19.53 |

表 4-5　1990~2010 年的转出—转入贡献率

单位：平方千米

| | 1990~2000 年 | | | | 2000~2010 年 | | | |
|---|---|---|---|---|---|---|---|---|
| | 转入面积 | 转入贡献率 | 转出面积 | 转出贡献率 | 转入面积 | 转入贡献率 | 转出面积 | 转出贡献率 |
| 耕地 | 3014.94 | 38.15 | 3229.26 | 40.86 | 432.07 | 24.80 | 743.78 | 42.69 |
| 林地 | 3228.98 | 40.86 | 2984.31 | 37.76 | 467.32 | 26.82 | 363.19 | 20.84 |
| 草地 | 749.11 | 9.48 | 998.47 | 12.63 | 46.69 | 2.68 | 385.84 | 22.14 |

| | 1990~2000 年 | | | | 2000~2010 年 | | | |
|---|---|---|---|---|---|---|---|---|
| | 转入面积 | 转入贡献率 | 转出面积 | 转出贡献率 | 转入面积 | 转入贡献率 | 转出面积 | 转出贡献率 |
| 水域 | 429.47 | 5.43 | 386.72 | 4.89 | 161.92 | 9.29 | 237.46 | 13.63 |
| 建设用地 | 477.32 | 6.04 | 301.49 | 3.81 | 634.14 | 36.39 | 11.34 | 0.65 |
| 未利用地 | 2.82 | 0.03 | 2.39 | 0.03 | 0.33 | 0.01 | 0.86 | 0.05 |

在林地景观变化方面，由于江西多为丘陵山区，其林地面积和构成比例相对较大，其构成比例在 1990 年、2000 年、2010 年分别为 62.109%、62.256%、62.319%。林地的面积是在持续增长的，由 1990 年的 103685.43 平方千米上升到 2000 年的 103930.10 平方千米再上升到 2010 年的 104037.32 平方千米。由土地类型转移矩阵可以看出耕地和林地为江西省土地利用类型转移变化的优势类，1990~2000 年和 2000~2010 年两个时间段林地向耕地转移强度依次为 2294.5 平方千米、195.97 平方千米，而耕地在两个时间段向林地的转移所占比例为 2.268% 和 0.1294%。从众多的转移流（转移方向和转移数量）来看，耕地、林地和建设用地三者之间为主要的转移优势类，而耕地和林地之间的转移强度又是最大的。20 年来的林地面积一直位于江西省土地利用景观类型面积的首位，其除了自然条件适合林木增长之外，还由于"山江湖工程"的实施，需要植树造林的大量支持。由表 4-5 可以看出，20 年间的转入和转出贡献率的差值分别为 3.1% 和 5.98%。目前来看林地面积较大，但是林地面积还是容易缩减的，其原因有三：其一，农耕区的扩张使得大量自然条件优越的林地被开垦为耕地；其二，伴随着城镇建设，毁林开荒和木质家具业的大力发展等缘故，林地也在一定程度上遭遇破坏；其三，在一个地区存在单一的林业树种，使得林业结构不合理。因此，政府仍需重视林地的保护。

在草地景观变化方面，草地的面积是各土地利用类型中所占面积较小的一种土地利用类型。其面积在各土地利用类型面积的构成比例在 1990 年、2000 年、2010 年分别为 4.5932%、4.6188%、4.5736%，且根据土地利用动态度变化表（见表 4-5）可以看出，草地的减少速率较快。在 1990~2000 年、2000~2010 年年平均变化率分别为 -0.053% 和 -0.074%，为转移类型变化速率中下降速度最快的一种土地利用类型。由表 4-3、表 4-4 可以看出，草地主要被耕地、林地所占用。1990~2000 年的转移面积主要为耕地和林地的面积，依次为 241.45 平方千米、718.89 平方千米，而 2000~2010 年耕地和林地的占有量分别为 319.09 平方千米、4460 平方千米。从表 4-5 可以看出 1990~2000 年的差值为 3.15%，而 2000~2010 年的差值已高达 19.46%，由此可见草地的面积一直在缩小。草地为江西省草地畜牧业发展提供了丰富的物质基础，是涵养水源、减少水土流失和江河泥沙淤积、维护生态平衡的重要生态屏障。近年来，很多草地被开发成旅游资源，导致草地面积减少；同时，在一些村镇周边、邻近公路等低丘陵草地又容易被开垦为耕地，从事经济作物生产；耕地、林地多列入保护范围，利用报批难度大、成本高，因此在建设占用时往往优先考虑草地。草地面积的大量减少或草地的过度利用导致草地植被退化、地表裸露等，对区域的生态安全的影响不容忽视。

表 4-6  土地用地类型的转移动态度

| 用地类型 | 1990~2000 年 | 2000~2010 年 | 1990~2010 年 |
|---|---|---|---|
| 耕地 | −0.007547662 | −0.011088607 | −0.018583961 |
| 林地 | 0.003775586 | 0.001650636 | 0.005430117 |
| 草地 | −0.053018727 | −0.074436402 | −0.124988552 |
| 水域 | 0.008919774 | −0.01567429 | −0.006841898 |
| 建设用地 | 0.107756319 | 0.35759584 | 0.489435416 |
| 未利用地 | 0.035084141 | −0.040718563 | −0.006527282 |

在水域方面，江西省的水域面积在 1990~2010 年处于减少的态势，在 1990 年、2000 年、2010 年三个时期的面积依次为 7668.14 平方千米、7710.89 平方千米、7635.35 平方千米，在 20 年间的面积减少了 20494 平方千米。从表 4-6 可以看出，江西省水域 1990~2000 年、2000~2010 年平均变化率依次为：0.009% 和 0.016%。从土地类型转型矩阵可以看出水域的减少量主要是被耕地和建设用地占用，其中又以耕地为主要的占用类型，在第一个十年间其占用比例为 62.2%，在第二个十年间其占用比例约为 78.2%。由表 4-5 可以看出，在 2000~2010 年水域的转出贡献率为 13.63%，而转入贡献率为 9.29%，其差值为 4.34%。以鄱阳湖为例，在 20 世纪 90 年代初期，基于农业、林业和工业的迅速发展，围湖造田现象十分严重，使得鄱阳湖的面积变小，其内部大大小小的河道宽度变窄现象十分严重。1998 年，长江中下游地区暴发特大洪灾，虽与当年的降雨量陡增有关，但

主要原因还是河湖面的面积减少严重，以及河道变窄导致的排洪能力急剧下降。为此虽然政府提出了一系列的灾后政策指导方针，如"封山育林、平垸行洪、退田还湖、移民建镇、疏浚河湖"等，使得河湖面的面积有所回升，但是就整体水域面积而言，还是在不断地减少。

在建设用地景观方面，建设用地的面积呈现逐渐增长的趋势，1990年、2000年、2010年三个时期的面积分别为2610.78平方千米、2786.61平方千米、3409.41平方千米，可以看出在短短的20年之间建设用地的面积增加了很多。从表4-6可以看出，建设用地的增长速度是所有土地利用类型中增长最快的，1990~2000年的年平均变化率为0.107756319，2000~2010年的平均变化率为0.35759584，而20年间的年平均变化率为0.489435416。由此可以看出建设用地的增长速度在逐年加快，而从表4-3、表4-4可以看出，耕地作为建设用地的优势转化类，其对建设用地的转入贡献率是最高的，在20年之间耕地转化为建设用地的面积分别为366.04平方千米、471.02平方千米。由表4-5可以看出，建设用地的转入贡献率在20年之间一直大于其转出贡献率，其中2000~2010年的转入贡献率高达36.39%，比转出贡献率多出了35.74%。由于经济的快速发展，使得我国的产业逐渐转化为第二、第三产业为主而第一产业为辅的产业结构类型。并且由于种粮的经济效益低下，越来越多的农民向城市流动，大量的闲置土地被建设用地所占用，人地矛盾凸显。在2010年国家提出的"中部崛起"战略的背景下，江西省提出了"为实现江西在中部地区崛起"而奋斗的战略目标，此后江西省的发展速度加快，高速公路、铁路、其他道路等公共设施用地全面展开，这加快了土地利用景观空间格局类型间的转变。

在未利用地景观方面，未利用地的面积相对于其他土地利用类型来说面积较小，其在1990~2010年20年间的面积依次为19.61平方千米、20.04平方千米、19.53平方千米。未利用地总体来说变化幅度不大，由表4-6可以看出，1990~2010年的年平均变化率为0.007%。从表4-5可以看出，未利用地的转出贡献率大于其转入的贡献率，2010年的转出贡献率为0.05%，转入贡献率为0.01%，两者的差值为0.04%。由未利用的土地转移矩阵表可以看出未利用地的主要转化类型为耕地、林地和建设用地，1990~2000年的转出量依次为0.64平方千米、1.32平方千米、0.05平方千米。2000~2010年转化为耕地和建设用地的面积分别为0.46平方千米、0.34平方千米。研究发现江西省未利用地的面积不多，也即后备土地资源不足。

## 二、景观格局的动态变化分析

### (一) 景观水平上的景观格局动态变化分析

由表 4–7 可以看出，江西省的景观格局整体上呈现出空间异质性高、连通性低，而破碎化程度增高的趋势。江西省的斑块数量和斑块密度均呈现波动上升的趋势，斑块数量由 1990 年的 114769 减少至 2000 年的 112350，再增加至 2010 年的 118051。而斑块密度则由 1990 年的 0.6874 先减少至 2000 年的 0.673，再增加至 2010 年的 0.7071。斑块数量和斑块密度代表了景观空间格局的破碎化程度，由此可以看出近 20 年来人类活动对江西省景观的干扰程度增强，破碎化程度逐年增加。

表 4–7　1990~2010 年江西省景观格局指数

| 年份 | NP | PD | LPI | ED | PAFRAC | CONTAG | IJI | SPLIT | AI |
|------|------|------|------|------|--------|--------|------|-------|------|
| 1990 | 114769 | 0.6874 | 17.5917 | 24.7214 | 1.4834 | 59.6558 | 47.4706 | 12.7636 | 87.6153 |
| 2000 | 112350 | 0.673 | 34.5469 | 24.5169 | 1.4852 | 59.7491 | 47.4039 | 7.3726 | 87.7174 |
| 2010 | 118051 | 0.7071 | 34.583 | 24.5725 | 1.4761 | 59.5587 | 47.8507 | 7.3958 | 87.6897 |

ED 值和 PAFRAC 值在 1990~2010 年均呈现下降的趋势。ED 值由 1990 年的 24.7217 下降至 2010 年的 24.5725，ED 值反映的是异质性斑块之间物质、能量与信息相互交流和影响的程度，该值越低，表示斑块之间的"交流"越少。而周长—面积分维数（PAFRAC）的值从 1990 年的 1.4834 下降至 2010 年的 1.4761，分维数值的下降代表的是斑块受人类活动干扰程度的严重性加强，使得斑块形状趋于简单，表明斑块间的天然形状或者边界趋于平滑。结合 ED 和 PARAC 可以看出，随着人口变化、经济发展以及城市化等社会需求，斑块的形状趋于平整而能量和信息之间的传输能力下降。

1990~2010 年最大斑块数 LPI 呈现增大的趋势，由 1990 年的 17.5971 增加至 2000 年的 34.5469，再上升至 2010 年的 34.583。LPI 值的提高可以说明每种景观的最大斑块面积在增大，意味着景观的空间异质性在降低。城市化的进程和农业科技的发展均驱使斑块的面积增大，例如土地整治等工程将种植区整理成片等。而 CONTAG 值则呈现减少的趋势，该值由 1990 年的 59.6558 下降至 2010 年的 59.5587。蔓延度指数反映的是斑块之间的团聚程度，该值大说明斑块之间的团聚程度高，该值减少说明斑块之间有空间分散的趋势，连通性降低，不利于物质与能量的转移。SPLIT 值由 1990 年的 12.7636 下降至 2010 年的 7.3958，AI 值则由 2000 年的 87.7174 下降至 2010 年的 87.6897，分离度和聚集度的同时下降说明斑块之间分散程度的增大以及聚集程度的降低，表明 20 年来的经济发展使得建设用地的斑块穿插于耕地、林地和草地之间。

### （二）类型水平上的景观格局动态变化分析

由上述分析可以看出耕地、林地和建设用地在江西省的土地利用景观类型当中占据了主导地位，因此在斑块水平上我们着重进行耕地、林地和建设用地的景观格局动态变化分析。将 9 个斑块类型水平上的景观指标归为三类：其一是破碎化指数，表示景观的破碎化程度和复杂程度，由 NP、PD、SPLIT 值组成；其二是形状性指数，表示斑块边界的复杂性程度，以及斑块之间的连接性程度，由 ED、PAFRAC、IJI、AI 和 COHESION 组成；其三是均匀度指数，表示该景观可能由少数几种优势景观类型控制和组合而成，主要由 LPI 构成。

耕地的景观指数分析（见表 4-8）：从耕地的破碎化指数来看，其 NP 值和 PD 值在 1990 年、2000 年、2010 年三个时期均处于最大值，NP 值依次为 47647、46972、49536，PD 值依次为 0.2854、0.2814 和 0.2967，由此可以看出随着年份的增加，耕地的斑块数量和斑块密度都呈现波动化上升的趋势，而景观分离度指数由 1990 年的 294.89 上升至 2000 年的 326.30 再上升到 2010 年的 346.37，表明耕地在空间上分散程度更加严重，这与江西省多丘陵山区，山区耕地细碎严重的情况相符，景观分离度高意味着耕地空间格局规模化程度低，不利于农业机械技术的实施。

表 4-8　不同时期江西省不同生态景观类型的景观指数变化

| 年份 | 类型 | NP | PD | LPI | ED | PAFRAC | IJI | COHESION | SPLIT | AI |
|------|------|------|------|------|------|--------|------|----------|-------|------|
|      | 耕地 | 47647 | 0.2854 | 3.9309 | 20.8179 | 1.5404 | 49.5091 | 99.6129 | 294.8898 | 80.9033 |
|      | 林地 | 15533 | 0.093 | 17.5917 | 19.5793 | 1.4493 | 39.3382 | 99.9296 | 13.5097 | 92.0666 |
| 1990 | 草地 | 13286 | 0.0796 | 0.0596 | 4.0531 | 1.4423 | 52.8167 | 93.5329 | 464549.9 | 77.4634 |
|      | 水域 | 9256 | 0.0554 | 3.0493 | 2.4731 | 1.5076 | 61.1596 | 99.5882 | 1070.872 | 86.5743 |
|      | 建设用地 | 28965 | 0.1735 | 0.0315 | 2.5054 | 1.3932 | 41.5167 | 77.7301 | 5530773 | 60.0615 |
|      | 未利用地 | 82 | 0.0005 | 0.0015 | 0.014 | 1.3476 | 72.1314 | 84.0608 | 2.11E+09 | 71.8497 |

| 年份 | 类型 | NP | PD | LPI | ED | PAFRAC | IJI | COHESION | SPLIT | AI |
|------|------|------|------|------|------|--------|------|----------|-------|------|
| 2000 | 耕地 | 46972 | 0.2814 | 3.5932 | 20.7512 | 1.5418 | 49.5762 | 99.5917 | 326.3018 | 80.8744 |
| | 林地 | 15376 | 0.0921 | 34.5469 | 19.3687 | 1.4523 | 38.8438 | 99.9494 | 7.5951 | 92.1714 |
| | 草地 | 11752 | 0.0704 | 0.0663 | 3.8584 | 1.4395 | 53.7015 | 93.7914 | 441760.8 | 77.7791 |
| | 水域 | 9277 | 0.0556 | 3.004 | 2.4786 | 1.5082 | 61.2728 | 99.5575 | 1102.857 | 86.6207 |
| | 建设用地 | 28882 | 0.173 | 0.0395 | 2.5625 | 1.3976 | 42.4043 | 80.1219 | 3304487 | 61.7361 |
| | 未利用地 | 91 | 0.0005 | 0.0015 | 0.0144 | 1.3552 | 73.4386 | 83.6606 | 2.11E+09 | 71.2137 |
| 2010 | 耕地 | 49536 | 0.2967 | 3.4272 | 20.7534 | 1.5349 | 49.7974 | 99.5722 | 346.3703 | 80.7384 |
| | 林地 | 16046 | 0.0961 | 34.583 | 19.3637 | 1.4391 | 39.4663 | 99.9489 | 7.6085 | 92.1809 |
| | 草地 | 13514 | 0.0809 | 0.0661 | 3.7923 | 1.4066 | 53.7722 | 93.5868 | 461675 | 77.0981 |
| | 水域 | 10123 | 0.0606 | 2.9737 | 2.489 | 1.4938 | 62.0487 | 99.5498 | 1125.307 | 86.431 |
| | 建设用地 | 28737 | 0.1721 | 0.104 | 2.7323 | 1.3981 | 44.4308 | 88.8812 | 495601.3 | 66.6646 |
| | 未利用地 | 95 | 0.0006 | 0.0015 | 0.0143 | 1.3478 | 72.8844 | 83.5041 | 2.19E+09 | 70.6052 |

从耕地的形状化指数来看，PAFRAC 和 IJI 值呈现不同程度的增大。说明耕地这种景观格局的斑块形态趋于复杂化，各斑块之间的连接度有一定提升。分形维数的提高说明人类对于耕地的干扰程度降低了，其原因可能是随着经济社会的发展，大部分农户向第二、第三产业进行转移，出现大量的撂荒和弃耕的现象。

从耕地的均匀度指数来看，其 LPI 值在景观各种类型当中，数值不大，并且呈现逐年下降的趋势，即由 1990 年的 3.9309 下降至 2010 年的 3.4272，这说明耕地这种景观类型的最大斑块面积下降，同时说明土地细化程度严重。导致耕地细碎化的原因主要是人多地少、家庭联产承包责任制的推行以及农户的公平诉求等。

林地的景观指数分析（见表 4-8）：从林地的破碎化指数看，其 NP 值和 PD 值都呈现一定程度的提高，即斑块数量和斑块密度在 1990~2010 年 20 年间的数值不断增加。NP 值由 1990 年的 15533 增加至 2010 年的 16046。PD 值则从 1990 年的 0.093 增加至 2010 年的 0.0961。SPLIT 值由 1990 年的 13.5097 下降到 2010 年的 7.6085，下降的原因可能是树林种类由低密度的灌木丛转变为高密度的乔木林。林地破碎化程度加深的原因可能是人类干扰愈加明显，2007 年林地集权化制度改革之后，林地的使用与经营权分散至家家户户，使得林地呈现细碎化管理。

从林地的形状化指数看，其 PAFRAC 呈现出一定程度的降低。其中 PAFRAC 值由 1990 年的 1.4493 降低至 2010 年的 1.4391。而 ED、IJI 和 AI 值则呈现一定程度的增大，分形维数的降低说明人类对林地的干扰程度有所增强，其原因是植树造林、退耕还林等工程的推进，使得林地呈现一定的规整化。林地的聚集程度、散布与并列指数的提高说明林地斑块间的团聚程度有所增高。这源于江西省对于林地管理的力度有所加强，由单面审核向全面管理进行转变，占用林地的审批强度增大，促使林地由粗放利用向集约利用进行转型。

从林地的均匀度指数来看，林地的 LPI 值呈现上升的趋势，由 1990 年的 17.5917 上升至 2000 年的 34.5469，再上升至 2010 年的 34.583。林地的 LPI 值在所有的景观类型当中是最大的，说明林地在景观格局当中的优势最为明显，对整个景观空间的控制程度较高。同样在一定程度上也说明了林地这种景观类型的异质性程度较低。林地树种的种植应当避免单一树种的大面积种植，这样的种植方式将不利于生物多样性的延续。

建设用地景观指数分析（见表 4-8）：从建设用地的破碎化指数看，其 NP 值呈现一定程度的下降。斑块数量由 1990 年的 28965 下降至 2000 年的 28882，再下降至 2010 年的 28737。由上文分析可以得出，建设用地的面积呈现增大的趋势，并且其景观破碎化程度逐年降低。以工业用地为例，工业园的集聚，不仅能够促使交通运输成本的降低，而且能够为各个企业与工厂之间的信息和资源的交流提供空间上的便利，促进产业集群。

从建设用地的形状化指数来看，其 ED、PAFRAC、IJI 和 AI 在 1990~2010 年都呈现增高的趋势。分形维数由 1990 年的 1.3932 上升至 2000 年的 1.3976，再上升至 2010 年的 1.3981。表明人类活动对于建设用地的干扰在逐渐增强。从 COHESION 指数同样可以看出，该值由 1990 年的 77.7301 增加至 2010 年的 88.8812，证明斑块之间的结合度也有所上升。这说明随着经济的快速发展，为了适应人类生产和生活的需求，越来越多的农村剩余劳动力转移到城镇，使得城镇人口集聚，城镇边界不断地向外扩展。而在农村则形成了许多"空心村"，造成了宅基地的闲置。集聚度和散布—并列景观指数的提高说明江西省各功能区之间的连接程度较好。

从建设用地的均匀度指数可以看出，LPI 值呈现逐年增高的态势，由 1990 年的 0.0315 增加至 2010 年的 0.104，这说明建设用地这种景观格局类型在各土地利用类型当中逐渐占据优势地位，最大斑块面积在 20 年之间增长较快。

# 第四节　结论

本章在 ArcGIS 10.1 和 FRAGSTATS4.2 软件的支持下对江西省 1990 年、2000 年、2010 年 3 期土地利用景观类型格局变化进行分析，利用景观空间格局指数分析了研究区的景观格局动态变化。得出如下结论：

作为我国的种粮大省，江西的耕地面积在 1990~2010 年下降严重，由 1990 年的 45432.74 平方千米下降到 2010 年的 44905.04 平方千米，通过转移矩阵表可以发现，耕地、林地和建设用地为耕地景观空间格局的主要转移优势类。江西省作为我国中部欠发达地区，随着我国"中部崛起"战略的推进，其建设用地面积增长较大，由 1990 年的 261.78 平方千米增长至 2010 年的 340.94 平方千米。由土地动态度分析可以发现建设用地的转移速度急剧加快。在林地景观方面，由于"山江湖工程"的推进需要大量林地的支持，以及退耕还林等一系列工程的推进，林地面积也有一定程度的增长。

从景观空间指数可以看出，江西省的景观空间格局的斑块数量和斑块密度增长较快，集聚度下降，分离度上升，分形维数提高，均说明景观空间目前破碎化程度严重，人类对土地的干扰程度加强，且没有形成良好的规模化和集约化经营，不利于农耕技术的提高和资本密集型土地利用方式的形成。由于分散程度严重，斑块之间的信息、物质以及能量的传输强度逐渐减少。从江西省的斑块指数变化可以看出，其耕地以及林地的破碎化程度逐年增加，耕地的分散程度也较为严重，而建设用地的集聚程度则有所上升。政府应促进建立土地流转市场，促进土地的规模化经营，对于闲散的土地可以考虑纳为区域的土地后备资源。

本研究基于遥感影像图，仅仅分析了江西省时间尺度上土地利用景观空间格局的动态变化，事实上还可以从空间的角度对各设区市的土地利用景观空间结构的差异进行相应的分析与探讨。

# 第五章　江西省林地变化的驱动因素及森林破碎化研究[1]

## 第一节　引言

生物多样性保护是森林管理中面临的最紧迫的挑战（Artti，2008；Thiene 等，2012）。对陆地生物来说，林地是最大的栖息地（Selvi 等，2016）。然而，林地在维持生物多样性、保持水土、调节气候等多种生态服务功能的同时，却正在遭遇森林乱砍滥伐、破碎化等一系列的压力。20 世纪末期，包括居住地的迁徙、农地开垦和城市扩张在内的人类活动造成了中国林地的大量减少。2000 年以后，中国六大林业工程的实施，尤其是"退耕还林"工程的实施，使中国林地面积增加到 $2.37 \times 10^5$ 公顷，增加的部分主要分布在黄土高原和南部丘陵山区（刘纪远等，2014）。林地面积的增加也会带来生态服务价值的正面效应，根据宋和邓（2017）的研究成果，中国目前的林地生态服务价值大约在 260.2 亿美元，然而在 1988~2000 年，这一数值大约仅为 20.11 亿美元；在 2000~2008 年，这一数值增长到 64.2 亿美元。尽管中国政府已经实施了多项政策或工程来恢复和保护森林资源，但大部分政策或工程的最初意图是控制水土流失和土地沙化，而没有特定保护生物多样性的政策或工程。我们试图探究 1990~2010 年林地变化的主要影响因素和森林破碎化模式及其干扰模式，并为决策制定者提供相关政策启示，以更好地保护森林系统的生物多样性。

---

① 本章内容已发表于国际 SSCI 期刊"Journal of Forest Economic"2017 年第 29 期。

从现有文献看，有大量研究关注土地利用变化给生态系统服务功能带来的影响（Bulte 和 Horan，2003；Eichner 和 Pethig，2006；Hernandez 等，2014；Xie 等，2015），但研究生物多样性服务功能变化的相关文献较少，原因是以往的研究受到方法的限制，无法真正理解森林破坏会给生物多样性带来怎样的后果（Ricard 等，2016）。Stephen 等（2004）提出通过一个简单的贸易模型（物种—面积曲线）就能发现只要有利可图便能保护在农地、人工林地及其他人工土地利用类型中的动植物栖息地。然而，现实生活中利益驱动的行为往往给生物多样性带来灾难性的毁坏。历史上，大熊猫广泛分布在中国大部分地区，而如今，它们被孤立分散在从南至北的 20 多个栖息地上。近年来，高速公路的建造进一步阻碍了大熊猫基因的扩张和流动，加剧了物种灭绝的风险（Haddock 等，2007；Wei 等，2014）。因此，我们有必要了解土地利用变化的驱动因素，试图从导致林地变化的原因角度找到对生物多样性可能的影响。同时，破碎化作为景观格局变化的主要表现之一（谢花林和卢华，2017），栖息地的大小能决定物种的多样性和丰度（Eichner 和 Pethig，2006），景观结构和空间连接度同样会影响生物多样性。Keken 等（2016）分析了 1950~2012 年捷克共和国的景观结构的时空变化对野生动物发生交通事故的影响，森林斑块的景观特征演变对景观中的许多空间格局和生态过程都产生影响（Gu 等，2012）。然而，传统的森林景观格局指数旨在研究区域的全局变化，而无法透析局部变化。综上所述，目前对土地利用变化对生物多样性影响的研究较少，传统的景观格局指数无法透析区域局部特征和变化，而林地质量对生物多样性保护又有重要作用（Gren 等，2014）。而利用网格，能够充分考虑到土地属性对林地质量的影响，并可以识别出林地的局部景观特征。

本研究首先罗列 1990~2010 年影响林地变化的政策，然后以江西省为研究区，构建回归模型，探讨林地变化的直接影响因素，再用森林破碎化模型对这期间研究区的森林破碎化模式及其干扰模式进行分析，最后根据分析结果提出相应的政策建议。

因此，本研究主要从四个方面展开：①根据 Logistic 回归模型确定土地利用变化的主要影响因子；②利用森林破碎化模型对江西省森林破碎化模式及其时空变化进行分析；③量化人为干扰和自然干扰对森林破碎化的影响；④提供相关政策建议。

# 第二节　政策分析与理论基础

## 一、政策分析

改革开放以来，人口持续增长和社会经济活动的活跃导致农业的发展和农地面积的扩张，这是中国 20 世纪末期林地减少的主要原因（Jin 等，2016；Xu 等，2004）。林地面积的减少引发了我国的生态危机并获得广泛关注，政府部门启动了几个大型的生态保护项目，其中包括：天然林资源保护项目，旨在恢复长江上游、黄河上游以及东北的天然林；退耕还林工程，旨在遏制水土流失，它也是全国覆盖面最广的林业保护工程；野生动物保护工程和自然保护区建设工程，旨在控制生物多样性下降的趋势；速生丰产林基地建设工程，旨在解决木材和林产品供应问题。这些项目一方面保护林地免遭乱砍滥伐，另一方面也增加了林地面积。

土地征用的审批权限同样影响林地的变化，1986 年的《土地管理法》中征用林地的审批权限是：省级政府负责 2000 亩以下的征收事宜；县级政府负责 10 亩以下的征收事宜。1998 年修订后的《土地管理法》对土地进行了重新分类，在此基础上，也调整了土地征收审批权限，取消了县市人民政府的审批权，省级人民政府负责审批 70 公顷以下的其他土地（包括林地）的征收事宜，国务院则负责审批 70 公顷以上（包括林地）的其他土地征收事宜。对应的征用耕地的审批权限要比征用林地的审批权限严格得多，因此，在相同的条件下，往往会导致林地会比耕地优先被占用。

耕地占补平衡政策于 1996 年首次提出，并已立法。该政策的提出对林地利用变化也产生了较大的影响。耕地占补平衡政策提出的目的在于保持耕地数量和质量的平衡，在过去的城镇发展过程中，耕地被建设占用的比率很高，为了保持耕地总量的平衡就需要占用单位补充对应数量和质量的耕地，补充的方式主要有三种：土地开发、土地整理和土地复垦。土地开发是指将未利用地开垦为耕地，是一项成本低且技术简单的耕地补充方式，但由于我国耕地后备资源短缺,在没有可开垦的未利用地情况下,人们往往将林地开垦为耕地,从而导致林地大量减少。

2008 年,中共中央、国务院出台《关于全面推进集体林权制度改革的意见》,将集体林地的承包经营权和林木所有权落实到农户,确立了农民的经营主体地位,实现了农村生产力的又一次大解放,广大农民造林、护林、育林的积极性空前高涨。

上述政策从表面上看,要么造成林地面积的增加,要么造成林地面积的减少,以及带来空间上的变化,事实上,不仅如此,它们还带来了林地内部结构、总体格局以及森林质量的变化。表 5-1 罗列了上述政策对生物多样性可能造成的影响。

表 5-1　政策对生物多样性的可能影响

| 政策 | 对生物多样性的可能影响 |
| --- | --- |
| 六大林业工程 | 积极的 |
| 土地征用的审批权限 | 消极的 |
| 耕地占补平衡 | 消极的 |
| 集体林权制度改革 | 积极的 |

## 二、林地利用变化

土地利用变化的基本形式包括土地利用类型的改变和土地集约度的改变(李秀彬,2002)。本章中的林地利用变化主要指林地利用类型的改变,包括林地转变为其他类型的土地,也包括其他土地利用类型转变为林地。土地特征、个体使用者的经济行为和社会团体管理行为构成了土地利用变化解释的理论框架(李秀彬,2002)。个人的经济行为可能会有所不同,而社会团体的土地管理行为是普遍的。通过研究社会团体的土地管理行为,以及这些行为对土地特征的影响方式,并导致土地利用的变化,我们可以发现土地利用变化的规律。一般来说,影响林地变化的主要特征包括地形因子和自然因子,如地形、气候、土壤和水文等(杨爽等,2009;谢花林等,2012,2014a,2017),耕地的开垦主要受坡度、土壤肥力、灌溉设施和降水等其他自然因素的影响(牛叔文等,2010;潘根兴等,2011)。因此,坡度较缓、海拔较低的林地更容易被开垦成耕地;土壤肥沃、灌溉条件较好的林地被发展成耕地的概率也更高。而林地被建设占用则要受到人口、经济发展条件以及区位等因素的影响（李秀彬，1996；李桂林等，2007；Zhou 等，2015）。同时，从成本的角度出发，靠近公路或城镇地区的林地也更容易被建设占用。

## 三、森林破碎化

景观的破碎化是土地利用变化最直观的表现。由于人类干扰和自然干扰（前者是主要原因），大型连片森林被划分成独立的小块（Lord 和 Noryon，1990；Li 等，1993，2010），这种破碎化的现象已成为世界范围内环境高度恶化的一种形式。不同的干扰模式也会造成不同形式的破碎化，相应地，对生物多样性的影响机制也存在差别（Riitters 等，2012）。人类干扰所造成的破坏往往是不可逆的，而自然干扰通常难以预料。对动植物来说，栖息地的破碎会阻碍基因的交流，并增加近亲繁殖的可能性（Elgar 和 Clode，2001）。同时，栖息地破碎化也会改变物种生存的地理环境，减少它们的生存和活动空间，增加栖息地边界的数量，从而改变生态系统内部的能量平衡和物质流动，最终导致栖息地异质性的丧失（Cordeiro 等，2015；Fuller，2001；García-Guzmán 等，2016；Kikuchi 等，2015；Olsoy 等，2016；Saunders 等，1991；Wickham 等，2008）。此外，栖息地破碎化还会导致拥挤效应（碎片上周围栖息地的某些物种可能在碎片上增加密度，对碎片上的物种造成危害，促使其濒危）、边缘效应（碎片受到周围环境的影响，在碎片边缘形成一种受影响的区域，对碎片内的物种极为不利，减少碎片内部的有效面积）和隔离效应（一些需要季节性迁徙的物种可能会因碎片间的隔离而无法正常迁徙，导致种群濒危或灭绝）。破碎化对物种灭绝的影响是复杂的，但对生物多样性的消极影响却是显而易见的（Thiene 等，2012）。

# 第三节　数据来源和研究方法

## 一、数据来源

本研究中使用的数据包括空间土地利用数据、气象数据、地形数据、土壤数据和区位数据。1990 年和 2010 年的 100 米 × 100 米栅格地图来源于中国科学院资源与环境科学数据中心。气候、地形和土壤是影响林地利用变化的重要因素，其中气象数据来源于中国气象资料共享服务系统，是根据中国 586 个气象站台收集的 1991~2011 年的日平均气温和降水长期观测数据，在 ArcGIS V9.3 软件平台上采用 Kriging 的空间插值方法将它们制作成 100 米 × 100 米的栅格数据。90 米 × 90 米的数字高程地图（DEM）数据来源于中国科学院资源与环境科学数据中心，为保持数据格式的一致性，我们将它重新采样成 100 米 × 100 米的栅格数据。矢量土壤数据来源于江西农业大学国土学院，我们也将它转为 100 米 × 100 米的栅格数据。区位数据是通过 ArcGIS 平台计算每个栅格中心到特定对象（道路、河流和居民点等）的距离，并转换成 100 米 × 100 米的栅格数据。

## 二、多因素 Logistic 回归模型

线性回归模型在定量分析的实际研究中应用非常普遍，然而在许多情况下，线性回归会受到限制。比如，当因变量是一个分类变量，而不是连续变量时，线性回归就不适用。在分析分类变量时，通常采用的一种统计方法是对数线性模型。而对数线性模型的一种特殊形式是 Logistic 回归模型。具体来讲，就是当对数线性模型中的一个二分类变量被当作因变量并定义为一系列自变量的函数时，对数线性模型就变成了 Logistic 回归模型（王济川、郭志刚，2001）。Logistic 回归模型是土地利用变化中常用的模型，其特点在于因变量的取值范围限定为离散变量，通过事件发生比表达土地类型变化的可能性，且可以灵活地通过转换阈值的设定来调整演化的结果。

多元 Logistic 回归模型是用来描述自变量 $x_{ki}$ 变化时，因变量的发生概率 $p_i$ 会

如何变化。我们假设 x 代表自变量，p 是因变量的发生概率，则回归模型可表示如下：

$$\ln\left(\frac{p_i}{1-p_i}\right) = \alpha + \sum_{k=1}^{k} \beta_k x_{ki} \tag{5-1}$$

式中，$p_i = P(y_i = 1 | x_{1i}, x_{2i}, \cdots, x_{ki})$ 表示在给定自变量 $x_{1i}$，$x_{2i}$，$\cdots$，$x_{ki}$ 时林地发生转换的概率，$\alpha$ 是常数项，$\beta$ 是斜率。

一个事件的发生概率是一个非线性的方程，其表达式如下：

$$p = \frac{\exp(\alpha + \beta_1 X_1 + \beta_2 X_2 + \cdots + \beta_n X_n)}{1 + \exp(\alpha + \beta_1 X_1 + \beta_2 X_2 + \cdots + \beta_n X_n)} \tag{5-2}$$

发生比率（Odds Ratio）用来对各种自变量（如连续变量、二分变量、分类变量）的 Logistic 回归系数进行解释。在 Logistic 回归中应用发生比率来理解自变量对时间概率的作用是最好的方法，因为发生比率在测量关联时具有一些很好的性质。发生比率用参数估计值的指数来计算：

$$odd(p) = \exp(\alpha + \beta_1 X_1 + \beta_2 X_2 + \cdots + \beta_n X_n) \tag{5-3}$$

在本研究中，多元 Logistic 回归是用 SPSS 17.0 统计软件的 Logistic 函数操作完成的。Logistic 回归模型预测能力通过得到最大似然估计的表格来评价，它包括回归系数、回归系数估计的标准差、回归系数估计的 Wald $\chi^2$ 统计量和回归系数估计的显著性水平。正的回归系数值表示解释变量每增加一个单位值时发生比会相应增加。相反，当回归系数为负值时，说明增加一个单位值时发生比会相应减少。Wald $\chi^2$ 统计量表示在模型中每个解释变量的相对权重，用来评价每个解释变量对事件预测的贡献度。

模型估计完成以后，需要评价模型如何有效地描述反应变量及模型配准观测数据的程度。用来进行拟合优度检验的指标有皮尔逊 $\chi^2$、偏差 D 和 Homsmer-Lemeshow 指标（HL）等。当自变量数量增加时，尤其是连续自变量纳入模型之后，皮尔逊 $\chi^2$、偏差 D 不再适用于估价拟合优度。在应用包括连续自变量的 Logistic 回归模型时，HL 是广为接受的拟合优度指标。因此，本章用 HL 指标来进行土地利用变化的 Logistic 回归模型拟合优度检验。当 HL 指标统计不显著表示模型拟合不好。相反，当 HL 指标统计显著表示模型拟合好。HL 指标是一种类似于皮尔逊 $\chi^2$ 统计量的指标。

为了拟合模型，本章选用了逐步模型选择法和概念模型法相结合的方法。在统计模型中，我们先选用概念模型中的解释变量，然后用逐步回归法选用主要的解释变量，最后基于饱和模型分析哪些变量对解释土地利用变化有明显贡献。

### 三、森林破碎化分析模型

采用建立在移动窗口分析技术基础上的森林破碎化分析模型刻画区域森林破碎化状态和趋势。该破碎化分析模型利用遥感影像中森林像元和其邻近像元边界的数量特征来定量描述森林破碎化。具体地，给定一奇数大小的移动窗口并使其中心定位于一森林像元（若中心像元为非森林像元，则跳过所有后续分析），然后计算该移动窗口内的两个森林指数 $P_f$、$P_{ff}$，并以此作为破碎化分析模型的基础（Wade 等，2003；李明诗等，2012）。这里，$P_f$ 定义为森林面密度，它是指在既定大小的窗口中森林像元占非缺失像元的比例。$P_{ff}$ 定义为总体森林连接度，它是指在既定大小的窗口中，主方向上（上、下或左、右）相邻像元均为森林像元的像元对数占总像元对数（像元对中至少有一个森林像元）的比值。$P_{ff}$ 可以粗略地衡量一个森林像元旁仍然是森林像元的可能性。在此假想的 $5 \times 5$ 的景观窗口中，黑色代表森林像元，白色代表非森林像元，缺失值用灰色表示。一旦两个指数计算完成并被写回中心像元，用如下的判别准则来实现中心森林像元破碎化归属成分（即 $P_f = 1.0$ 时为内部森林；$P_f < 0.4$ 时为斑块森林；$P_f > 0.6$ 且 $P_f - P_{ff} > 0$ 为边缘森林；$P_f > 0.6$ 且 $P_f - P_{ff} < 0$ 为孔洞森林；$0.4 \leqslant P_f \leqslant 0.6$ 为过渡森林；$P_f > 0.6$ 且 $P_f - P_{ff} = 0$ 为未确定森林）的确定。上述过程通过 Arcpy 编程完成。此外，在计算出各破碎化因子后，按照彩色合成的方法（$P_{fa}$ 为红色，$P_{ff}$ 为绿色，$P_{fn}$ 为蓝色）建立森林破碎化干扰模式的空间分布特征（李明诗等，2012）。

# 第四节　结果和分析

## 一、林地利用变化的影响因素分析

### （一）林地变化的时空特征

从 1990~2010 年土地利用转移矩阵（见表 5-2）中可以看出，在研究期内，有 326245 公顷的林地转变为其他类型的土地，其中转为耕地的数量最多，为 243092 公顷，占总转移量的 74.51%，由林地转为草地的数量其次，面积为 49145 公顷，占 15.06%；由林地转为建设用地的面积为 20885 公顷，占 6.40%。而在研究期内，由其他类型土地转为林地的有 361303 公顷，其中由耕地转为林地的面积最多，为 243406 公顷，占总转移量的 67.36%。

表 5-2　土地利用转移矩阵

单位：栅格数

| | | 2010 年 | | | | | | 合计 | 转入 |
| | | 耕地 | 林地 | 草地 | 水域 | 建设用地 | 未利用地 | | |
|---|---|---|---|---|---|---|---|---|---|
| | 耕地 | | 243406 | | | | | | |
| | 林地 | 243092 | 10042639 | 49145 | 12911 | 20885 | 212 | 13368884 | 326245 |
| | 草地 | | 101996 | | | | | | |
| 1990 年 | 水域 | | 11180 | | | | | | |
| | 建设用地 | | 4582 | | | | | | |
| | 未利用地 | | 139 | | | | | | |
| 合计 | | | 10403942 | | | | | | |
| 转出 | | | 361303 | | | | | | |

### （二）林地利用变化影响因素

为避免变量之间的多重共线性，在相关性分析中相关系数高于 0.8 的变量应当被移除。在我们构建的 Logistic 回归模型中皮尔逊相关系数都在 0.03~0.58 之间，故保留了所有变量。为了进一步验证解释变量的多重共线性，我们进行了方差膨胀因子（VIF）检验，检验结果显示 VIF 值都小于 10，再一次验证所选变量可以包含在我们构建的 Logistic 模型中。

在林地利用变化的 Logistic 回归模型中，坡度用 3 个虚拟变量分别代表坡度级 Ⅰ（<5°）、坡度级 Ⅱ（5°~15°）和坡度级 Ⅲ（15°~25°），坡度级 Ⅳ（>25°）作为它们的参考对象。坡向用 4 个虚拟变量分别代表平坡、北坡、东坡和南坡，西坡作为它们的参照对象。

1. 林地转出的影响因素分析

林地转出的 Logistic 回归模型有很好的拟合度，HL 指标为 11.10，p 值为 0.196，统计检验不显著，即模型很好地拟合了数据（见表 5-3），根据 Wald χ²

统计量，研究期内对林地转出较为重要的影响变量主要有土壤有机质含量、距最近农村居民点距离和坡度Ⅰ等变量，其中坡向Ⅳ（南坡）是第一重要的影响因素，其发生比率为 1.308，即南坡向的林地被其他用地类型替代的可能性大约是参考坡向（西坡）的 1.3 倍，坡向主要影响光照条件，而光照条件又是农业生产和建筑设计中首要考虑的条件，也就是说坡向较好的林地容易被建设占用或开垦为耕地，类似地，从表 5-3 中可以看出，坡向Ⅲ（东坡）的林地也比参考坡向（西坡）更容易被转换。土壤有机质含量是土壤肥力的一项重要指标，在该模型中，土壤有机质含量对林地的转出有正向的显著影响。从表 5-3 中可知，土壤有机质含量增加 1 个百分点，林地转出的概率增加 23.5%，也就是说，土壤有机质含量越高的林地越容易被转出，可能的原因是人们在选择将林地开垦为耕地的过程中，会优先对土壤肥力好的林地进行开垦。这与现实是符合的，在 20 世纪 90 年代末，由于人口增长和经济发展，不少林地被开垦为耕地用以满足对粮食的需求。区位因素（包括距最近农村居民点的距离、距最近河流的距离以及距最近主要道路的距离）对林地的转出都有显著的负向影响，可能的原因是这些具有区位优势的地块一方面有利于城镇的发展，另一方面也能够减少开发成本。

表 5-3　林地转出模型的回归结果

| 变量 | 估计系数（β） | 标准误 | Wald χ² 统计量 | p 值 | EXP（β） |
|---|---|---|---|---|---|
| HL = 11.100，p = 0.196 | | | | | |
| 常量 | −8.258 | 5.497 | 2.256 | 0.133 | 0.000 |
| ln（距最近农村居民点的距离） | −0.156 | 0.046 | 11.567 | 0.001** | 0.694 |
| ln（距最近河流的距离） | −0.115 | 0.045 | 6.438 | 0.011* | 1.274 |
| ln（距主要道路的距离） | −0.085 | 0.043 | 3.991 | 0.046* | 0.918 |
| ln（海拔） | −0.198 | 0.079 | 3.610 | 0.012* | 0.821 |
| 土壤有机质含量 | 0.235 | 0.063 | 14.122 | 0.000*** | 0.790 |
| 坡度Ⅰ（< 5°） | 1.350 | 0.453 | 8.885 | 0.003** | 3.859 |
| 坡度Ⅱ（5° ~ 15°） | 0.940 | 0.437 | 4.624 | 0.032* | 2.561 |
| 坡度Ⅲ（15° ~ 25°） | 0.395 | 0.445 | 0.789 | 0.375 | 1.484 |
| ln（气温） | 1.287 | 0.633 | 4.133 | 0.042* | 3.623 |
| 坡向Ⅰ（平坡） | −0.681 | 0.146 | 0.043 | 0.835 | 0.506 |

| 变量 | 估计系数（β） | 标准误 | Wald χ² 统计量 | p 值 | EXP（β） |
|---|---|---|---|---|---|
| 坡向Ⅱ（北坡） | −0.260 | 0.138 | 3.559 | 0.059 | 0.771 |
| 坡向Ⅲ（东坡） | −0.475 | 0.148 | 10.234 | 0.001** | 0.891 |
| 坡向Ⅳ（南坡） | 0.038 | 0.180 | 21.784 | 0.000*** | 1.308 |

注：* 表示 $p < 0.05$；** 表示 $p < 0.01$；*** 表示 $p < 0.001$。

2. 林地转入的影响因素分析

林地转入的 Logistic 回归模型有很好的拟合度，HL 指标为 9.794，p 值为 0.280，统计检验不显著，即模型很好地拟合了数据（见表 5-4），根据 Wald χ² 统计量，研究期内对林地转出较为重要的影响变量主要有坡度、坡向和土壤有机质含量等变量，其中坡向Ⅰ（平坡）是林地转入的最重要的空间影响因素，其发生比率为 1.835，也即平坡上的其他用地类型被转为林地的可能性是参考坡向（西坡）的 1.835 倍。土壤有机质含量对林地的转入则有显著的负向影响，土壤有机质含量减少 1 个百分点，林地转出的概率增加 18.3%，也就是说土壤肥力越差的土地越容易被转换为林地。变量坡度级Ⅰ（<5°）的发生比率为 2.545，意味着坡度Ⅰ上的土地被转为林地的可能性是参考坡度Ⅳ（>25°）的 2.545 倍，也即坡度在 0~5° 的土地是更容易转为林地的。

表 5-4　林地转入模型的回归结果

| 变量 | 估计系数（β） | 标准误 | Wald χ² 统计量 | p 值 | EXP（β） |
|---|---|---|---|---|---|
| HL = 9.794，p = 0.280 | | | | | |
| 常量 | 0.035 | 0.992 | 0.001 | 0.971 | 1.036 |
| ln（距最近农村居民点的距离） | 0.151 | 0.084 | 3.187 | 0.074 | 1.163 |
| ln（距最近河流的距离） | −0.092 | 0.045 | 4.198 | 0.040* | 0.912 |
| ln（距主要道路的距离） | −0.092 | 0.044 | 4.461 | 0.035* | 0.912 |
| Soil sediment concentration | −0.016 | 0.009 | 2.874 | 0.090 | 0.984 |
| 土壤有机质含量 | −0.183 | 0.060 | 9.482 | 0.002** | 0.833 |
| 坡度Ⅰ（< 5°） | 0.934 | 0.329 | 8.065 | 0.005** | 2.545 |
| 坡度Ⅱ（5°～15°） | 0.617 | 0.324 | 3.612 | 0.057* | 1.853 |
| 坡度Ⅲ（15°～25°） | 0.018 | 0.337 | 0.003 | 0.958 | 1.018 |
| 坡向Ⅰ（平坡） | 0.607 | 0.184 | 10.910 | 0.001** | 1.835 |

| 变量 | 估计系数（β） | 标准误 | Wald χ² 统计量 | p 值 | EXP（β） |
|---|---|---|---|---|---|
| 坡向Ⅱ（北坡） | −0.088 | 0.147 | 0.364 | 0.546 | 0.915 |
| 坡向Ⅲ（东坡） | 0.323 | 0.144 | 5.031 | 0.025* | 1.382 |
| 坡向Ⅳ（南坡） | 0.175 | 0.142 | 1.514 | 0.219 | 1.191 |

注：* 表示 $p < 0.05$；** 表示 $p < 0.01$。

## 二、森林破碎化分析

### （一）森林破碎化模式的时空差异分析

森林破碎化是一个连续的过程，即（a）内部森林减少；（b）边缘森林增多；（c）越来越多的斑块森林被孤立（李明诗，2010）。当人们意识到林地破碎的生态危害，或者感受到了森林破碎化带来的威胁时，人们开始植树造林以应对危机，这时，森林破碎化的逆向过程可能就会发生。通过 $5 \times 5$ 的景观窗口进行森林破碎化模型分析可得到图 5-1，图 5-1 对比了 1990 年和 2010 年江西省森林破碎化模式的差异，总体来说，江西省的森林破碎化情况较为严峻，除去内部森林的比例，其他表征森林破碎度的森林面积占总森林面积超过 60%，说明森林破碎化较为严重。从森林类型看，内部森林在 1990 年大概占森林总面积的 37%，在 2010 年这一数据大约为 38%，都是所有森林类型中占比最多的。斑块森林和过渡森林在这两年基本没变化，分别占比 17% 和 11%。而边缘森林和孔洞森林则各下降 2%，分别从 1990 年的 17% 下降到 2010 年的 15% 和从 1990 年的 16% 下降到 2010 年的 14%。相对来说，未确定森林变化较多，在 1990 年这一类型森林几乎没有，而到了 2010 年，未确定森林面积占总森林面积的 3%。从空间分布看，内部森林几乎遍布整个研究区，斑块森林和过渡森林多出现在森林与水域交界的缓冲区，边缘森林和孔洞森林主要分布在省域的中部和西南地区。从对比结果看，2010 年江西省的森林破碎化状况要优于 1990 年，因为其内部森林比例有所提高，而边缘森林和孔洞森林的比例有所下降，如图 5-2 所示。

### （二）干扰模式分析

森林破碎化模型分析的结果显示 $P_{fa}$ 和 $P_{fn}$ 的值在 1990 年分别为 0.196 和 0.03，在 2010 年分别为 0.187 和 0.028。从数值上看，江西省的森林破碎化主要是人为干扰造成的。从图 5-3 中可以看出，人为干扰主要发生在森林与水域交界

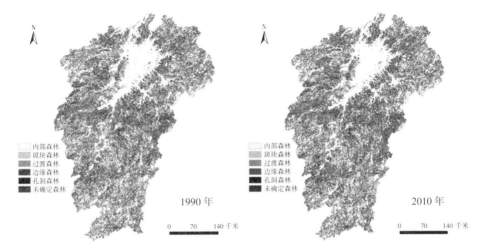

图 5-1　1990 年和 2010 年森林破碎化模式对比

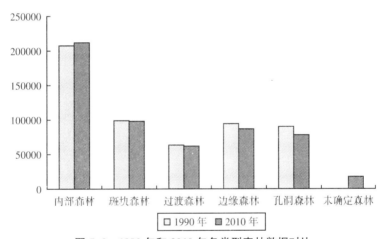

图 5-2　1990 年和 2010 年各类型森林数据对比

的缓冲区内，鄱阳湖平原的经济发达地区表现得最为明显。而自然干扰主要发生在江西省域的中南部，这些地方是典型的山区。通过对比分析发现，1990 年的地图上红色区域要明显多于 2010 年的干扰图。也就是说，1990 年的人类活动干扰要明显高于 2010 年，这意味着保护林地的政策措施已经初见成效。

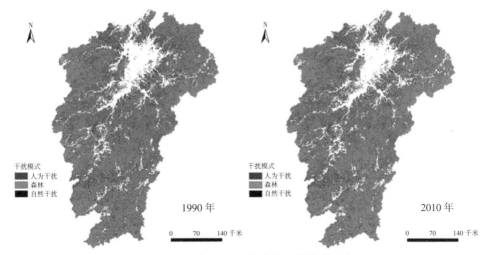

图 5-3　1990 年和 2010 年森林干扰模式对比

# 第五节　结论和政策启示

## 一、结论

通过两期的土地利用数据的对比，总的林地面积增加了 4 万多公顷。从林地转变的方向看，在研究期内，林地主要转为了耕地，其次是草地和建设用地。同时又有其他类型的土地转为林地，耕地转为林地和草地转为林地最为常见。而在林地转出的模型中，坡向、土壤有机质含量和距农村居民点距离是最重要的影响变量。在林地转入的模型中，坡向、土壤有机质和坡度是最重要的影响变量。

在森林破碎化分析模型中，整体而言，江西省的森林破碎化情况较为严重，因为两期的内部森林比例都小于 40%，而斑块森林和孔洞森林的比例都较高。从时间上对比，2010 年森林破碎化状况要优于 1990 年，因为其内部森林的比例要高于 1990 年，而斑块森林和孔洞森林的比例要低于 1990 年。从森林干扰状况看，人类干扰是主要干扰类型。人类干扰主要发生在森林与水域交界的缓冲区内，在鄱阳湖平原的经济发达地区最为明显，而自然干扰主要发生在江西省域的中南部，这些地方是典型的山区。从时间上对比，1990 年的人类活动干扰和自然干扰都要明显高于 2010 年。

无论从林地的变化数量，还是林地的破碎化状况，都可以看出，1990~2010 年，林地的整体状况呈现好转。林地保护政策已初见成效。但从 Logistic 模型模拟结果可以看出，政策实施的实际过程存在与政策要求的差异，退耕还林工程要求对坡度在 25°及以上的坡耕地实行退耕还林，但是模型模拟的结果显示坡度在 0~5°的耕地更容易被转为林地。正是由于土地利用的过程中，人们往往带有偏好性，导致处于某一类别的土地更容易发生转换，从而使原本完整的景观出现边缘化、孔洞化、细碎化。

## 二、政策启示

1990~2010 年，江西省林地的总体状况有所改善，表明我国实施的林地保护政策对林地数量和整体的景观格局状况提供了有效的保护，然而从林地转入转出的影响因素分析中可以看出，大量优质林地被劣质林地取代，从保护生物多样性的角度出发，我们提出以下政策建议：

第一，林地应被视为生物多样性保护的首要土地利用类型，从政策回顾可以看出，目前我国专项保护生物多样性的林业工程项目和政策措施还比较少，同时，生物多样性保护的重点也应放在自然保护区之外的林地，例如加强恢复生物绿色通道等。

第二，应提高林地保护的重视水平。在国内，粮食安全往往重于一切，因此导致了在相同的环境下，耕地要比林地保护的好，而不少环境和生态问题就是因为开发耕地产生的，如土壤退化、水土流失等。因此，从生态安全的角度，应视林地与耕地同等重要。

第三，森林生态系统是一个完整的系统，对它的保护需要科学的规划和管理。本章的研究结果表明，林地很容易被建设占用，在人们的潜意识里，经济产出并不高的林地就应该为能带来巨大经济收益的建设用地让道，于是盲目地对森林进行干扰。

第四，林地开发和利用不应在内部森林进行，以减少边缘森林和孔洞森林类型的出现。在对森林保护过程中，应优先恢复边缘森林和孔洞森林，以保持森林系统的整体大环境。

第五，对于林地资源丰富的江西省来说，更应该强调其林地在保护生物多样性方面的生态功能，可以制定带有林地保护特色的发展规划，而不是走牺牲环境发展经济的道路。国土部门和林业部门可以参照本章所用方法划分森林破碎化模式，对不同的林地破碎形式实施不同的保护策略。

# 第六章 鄱阳湖生态经济区关键性
# 生态空间辨识*

## 第一节 引言

国土是生态文明的重要载体。近几十年来，由于人类对土地资源的不合理开发利用以及日益加剧的社会经济活动，出现了生物多样性锐减、森林植被破坏、景观破碎化等生态系统功能退化和破坏现象。如何处理好人口、资源和环境保护之间的关系，协调好经济发展与生态文明建设之间的平衡度是中国未来经济社会可持续发展的关键。

中共十八大报告提出，"大力推进生态文明建设，优化国土空间开发格局，构建科学合理的城市化格局、农业发展格局、生态安全格局"。2012 年 12 月，由国土资源部、国家发展和改革委员会共同牵头，联合 20 多个部委和科研单位，共同编制的《全国国土规划纲要（2011~2030 年）》（以下简称《国土规划纲要》）形成征求意见稿。《国土规划纲要》中提出，要在优化格局过程中切实发挥开发引导和空间管控作用，设置了"生存线""生态线"和"发展线"，其中，"生态线"是明确基础性生态用地保护规模，建设国家生态屏障，提高生态环境安全水平。因此，关键性生态空间是国家生态安全的重要组成部分和经济社会可持续发展的重要基础。

关键性生态空间是保障区域水资源安全、生物多样性保护安全、地质灾害防

---

* 该章内容已被国内权威期刊《生态学报》接受待刊。

护安全、水土保持安全、维护区域景观格局完整性和连续性的基础性用地空间。国外对区域关键性生态空间的辨识，主要集中在生物多样性保护空间辨识、水安全防护空间辨识、水土流失防护空间辨识和绿色空间辨识等方面。在生物多样性保护空间辨识方面，在过去的 30 年中，保护生物学家特别关注生物多样性保护中自然空间所面临的选择困境（Margules 等，1998；Snyder 等，2004；Klein 等，2009；Orsi 等，2011）。如 Rouget（2003）基于 GIS，进行了区域生物多样性保护的热点空间辨识研究。Vimal（2012）从稀有物种的高保护栖息地、高生态完整性地域、整个区域的景观多样性等方面探讨了生物多样性保护的敏感性空间。Moilanen（2011）讨论了生物多样性保护空间规划中，辨识关键性生态空间的尺度性问题。在水安全防护空间辨识方面，Vos（2010）通过对区域关键性水安全防护空间的辨识，在湿地生态系统中规划了一个适应区以应对气候变化的影响。Brouwer（2004）通过辨识关键性水安全防护空间，分析了对其保护恢复所带来的生态、社会和经济影响。在水土流失防护空间辨识方面，Zagasa（2011）基于 GIS 技术，利用通用流失方程（USLE），辨识了希腊奥林匹斯山的关键性水土流失防护空间。国内关于区域关键性生态空间辨识的研究，主要集中在演变格局、评价指标体系、规划调控和生态安全格局等方面。在生态空间演变方面，陈爽（2008）研究了南京市生态空间数量增减和质量变化，从经济发展阶段、宏观政策环境和城市扩展规律等方面分析变化的驱动力，揭示政府干预下生态空间的结构和功能演变规律，并提出生态空间保护对策。谢花林（2011）以京津冀地区为例，通过建立不同阶段各生态空间类型变化的 Logistic 回归模型，较好地揭示了区域不同阶段生态空间变化的驱动因素。在生态空间重要性评价方面，曾招兵等（2007）建立了上海市青浦区生态用地的综合评价指标体系，并对研究区生态用地建设的现状进行了综合的分析和评价。刘昕等（2010）以数值法作为分析方法，与生态系统服务功能理论相结合，从生态环境、生态敏感性、气候、土壤和地貌 5 个方面建立江西省生态用地保护重要性评价指标体系，在 GIS 技术的支持下，研究其生态保护重要性和生态用地的空间分布。李锋（2011）应用遥感、地理信息系统技术和生态系统服务评估等方法，评估了由城市生态用地改变所导致的生态系统服务的变化。综上，国外对生物多样性保护关键性生态空间辨识的研究较深入，但只是单方面的，且在整合区域的水安全、水土流失防护、生物多样性等关键性空间辨识方面研究较少。从研究尺度看，现有的研究多为县域尺度或省域尺度，而以栅格为单元的区域尺度关键性生态空间辨识相对较少。

鄱阳湖生态经济区是江西省设立的第一个国家级经济开发区，是以鄱阳湖城市圈为依托，以保护生态、发展经济为重要战略构想的经济特区。区域内的鄱阳湖是我国最大的淡水湖，是具有世界影响的重要湿地和候鸟越冬地，在维护区域生物多样性、调蓄长江洪水、降解污染物、保护长江中下游生态环境等方面具有不可替代的作用。近年来，随着城镇化和工业化的发展，区内生物多样性遭到威胁、水污染现象时有发生、汛期洪水泛滥，造成区内水土流失严重。因此，进行鄱阳湖生态经济区关键性生态空间辨识，一方面，契合了中共十八大提出的"大力推进生态文明建设，优化国土空间开发格局，提高生态系统服务功能，保障国家和区域生态安全"的要求；另一方面，对于维护鄱阳湖生态经济区生态系统健康，开展生态保育和生态环境建设，构建区域生态安全格局具有重要的现实意义。

因此，本部分从区域尺度出发，借助 GIS 平台，以鄱阳湖生态经济区为研究区，综合考虑生态系统服务功能重要性、生态系统敏感性以及生物多样性保护等多个方面因素，辨识区域关键性生态空间。

# 第二节　数据来源和研究方法

## 一、数据来源

本章生态保护红线辨识所使用的评价指标数据主要包括 DEM 数据、气象数据、土壤类型数据、NDVI（归一化植被指数）数据、NPP（生态系统净初级生产力）数据、土地利用类型数据、统计年鉴数据以及相关规划数据等。其中，DEM 数据、NDVI（归一化植被指数）数据、NPP（生态系统净初级生产力）数据、土地利用类型数据来源于中国科学院地理科学与资源研究所。气象数据来自中国气象科学数据共享服务网（http: //data.cma.cn/）的中国地面气候资料年值数据集，包括 1980~2011 年的中国 752 个基本、基准地面气象观测站及自动站的气候资料年值数据集，其中有气温、降水量等数据，本章仅使用年平均气温和年均降水量数据。土壤类型数据来源于江西农业大学国土学院资料。所有的空间数据都重采样到 250 米 × 250 米栅格上，并统一地理坐标系和投影坐标系。相关规划数据通过《江西省土地利用总体规划（2006~2020 年）》以及《鄱阳湖生态经济区规划（2010~2020 年）》提取得到。

## 二、关键性生态空间辨识方法

### （一）生态系统服务功能重要性评价方法

本章借助 GIS 的空间分析平台进行关键性生态空间辨识过程。具体的技术路线为：①构建区域生物多样性、土壤保持、水源涵养和洪水调蓄四类生态用地指数，以及水土流失和地质灾害两类敏感性指数；②对各指数进行计算并分级赋值，以完成单因子生态用地重要性的辨识；③对各单因子生态重要性指数进行叠加处理，完成综合关键性生态空间的识别。

1. 水源涵养功能重要性评价

水源涵养是生态系统（如森林、草地等）通过其特有的结构与水相互影响和作用，对大气降水进行截留、渗透、蓄积，并通过蒸发、散发实现对水流、水循环的调节和控制，主要表现在缓和地表径流、补充地下水水位、减缓河流流量的季节波动、调滞洪枯、保证水源水质等方面。通常以生态系统水源涵养服务能力指数作为评价指标，具体计算公式如下：

$$WR = NPP_{mean} \times F_{sic} \times F_{pre} \times (1 - F_{slo}) \tag{6-1}$$

式中，WR 是生态系统水源涵养服务能力指数；$NPP_{mean}$ 是评价区域多年生态系统净初级生产力平均值；$F_{sic}$ 是土壤渗透因子；$F_{pre}$ 是评价区域多年（10~30 年）平均年降水量数据插值，并归一化到 0~1；$F_{slo}$ 是根据最大最小值法归一化到 0~1 的评价区域坡度栅格图，可由 DEM 计算得到。

2. 土壤保持功能重要性评价

土壤保持是生态系统（如森林、草地等）通过其结构与过程，减少由于水蚀所导致的土壤侵蚀的作用，是生态系统提供的重要调节服务功能之一。土壤保持功能主要与气候、土壤、地形和植被等有关。以生态系统土壤保持服务能力指数作为评价指标，计算公式如下：

$$S_{pro} = NPP_{mean} \times (1 - k) \times (1 - F_{slo}) \tag{6-2}$$

式中，$S_{pro}$ 是生态系统土壤保持服务能力指数；$NPP_{mean}$ 是评价区域多年生态系统净初级生产力平均值；$F_{slo}$ 是根据最大最小值法归一化到 0~1 的评价区域坡度栅格图；k 为土壤可蚀性因子。

3. 洪水调蓄功能重要性评价

洪水调蓄是生态系统通过自身的涵养水源、保持水土等功能调蓄洪水的能力，是生态系统提供的重要调节服务功能之一（李赞红和马其芳，2012）。洪水调蓄能力的强弱主要与植被覆盖、地形地貌、人类活动强度等有关（陈文波等，2008）。本章通过河湖缓冲区距离、洪水调蓄区等级和洪水淹没区范围表征洪水调蓄功能重要性，这三个指标分别代表维护区域洪水调蓄能力的某个方面，因此采用析取算法叠加三个指标，取生态服务功能重要性最高者，即洪水调蓄能力指数 Q=max（河湖缓冲区距离，洪水调蓄区等级，洪水淹没区范围），如表 6-1 所示。

表 6-1　洪水调蓄评价因子及分级标准

| 评价因子 | 极重要 | 重要 | 中等重要 | 一般重要 | 不重要 |
|---|---|---|---|---|---|
| 河湖缓冲区距离（米） | ≤25 | 25~50 | 50~100 | 100~150 | ≥150 |
| 洪水调蓄区等级 | 4 级 | 3 级 | 2 级 | 1 级 | 其他区域 |
| 洪水淹没区范围 | 10 年一遇范围 | 20 年一遇范围 | 50 年一遇范围 | 100 年一遇范围 | 其他区域 |
| 分级赋值 | 9 | 7 | 5 | 3 | 1 |

4. 生物多样性保护功能重要性评价

生物多样性保护是指生态系统发挥着维持基因、物种、生态系统多样性的功能，其为生态系统提供的最主要功能之一。生物多样性保护功能重要性评价常采用基于物种的评价方法和基于生境多样性的评价方法（彭羽等，2015）。第一种方法是通过收集区域动植物多样性和环境资源数据，建立物种分布数据库，应用物种分布模型（SDM）量化物种对环境的依赖关系，结合关键物种的实际分布范围最终划定确保物种长期存活的保护红线。第二种方法主要应用于部分物种分布数据资料及分布精度缺失的情况（李果等，2011）。本章研究中因部分物种分布数据不全，采用生境多样性评价方法进行评价。其具体计算公式如下：

$$S_{bio} = NPP_{mean} \times F_{pre} \times F_{tem} \times F_{alt} \tag{6-3}$$

式中，$S_{bio}$ 为生态系统生物多样性保护服务能力指数；$NPP_{mean}$ 为评价区域多年生态系统净初级生产力平均值；$F_{pre}$ 为评价区域多年（10~30 年）平均年降水量数据插值，并归一化到 0~1；$F_{tem}$ 为评价区域气温参数，由多年（10~30 年）平均年降水量数据插值获得，得到的结果归一化到 0~1；$F_{alt}$ 为海拔高度，由评价区域海拔归一化获得。

## （二）生态系统敏感性评价方法

针对研究区各土地利用生态系统敏感性情况不同，开展区域生态系统敏感性评价，评价内容包括水土流失敏感性、地质灾害敏感性等，并利用自然断点法（Natural Break）对评价结果进行分级，将评价结果分为不敏感、一般敏感、中度敏感、高度敏感和极敏感。

### 1. 水土流失敏感性评价

水土流失是重要的生态环境问题之一，研究水土流失潜在发生过程及其可能性，对于明确水土流失敏感性分布区域，合理制定区域水土保护措施，缓解区域生态环境压力，促进区域可持续发展具有重要意义。本研究在凡非得、王娇等的研究基础上（凡非得等，2011；王娇等，2014），采用水土流失敏感性指数进行区域水土流失敏感性评价。具体评价公式如下：

$$SS_i = 5\sqrt{R_i \times K_i \times LS_i \times C_i \times P_i} \tag{6-4}$$

式中，$SS_i$ 为评价区域 i 空间单元水土流失敏感性指数，评价因子包括降水侵蚀力（R）、土壤可蚀性（K）、坡度坡长因子（LS）、地表植被覆盖因子（C）、人工措施因子（P）（见表 6-2）。

表 6-2　水土流失敏感性评价指标体系

| 评价因子 | 不敏感 | 轻度敏感 | 中度敏感 | 高度敏感 | 极敏感 |
|---|---|---|---|---|---|
| 降水侵蚀力 | <25 | 25~100 | 100~400 | 400~600 | >600 |
| 土壤可蚀性 | 石砾、沙 | 粗粒土、细粒土、黏土 | 面沙土、壤土 | 砂壤土、粉黏土、壤黏土 | 砂粉土、粉土 |
| 坡度坡长 | 0~20 | 20~50 | 50~100 | 100~300 | >300 |
| 地表植被覆盖 | 湖泊、湿地、滩涂、滩地 | 亚热带常绿阔叶林、针叶林、针阔叶混合林、灌木林 | 山顶矮林、竹林、高山植被 | 迹地、苗圃及各类园地 | 无植被覆盖、裸土地 |
| 人工措施 | >0.8 | 0.6~0.8 | 0.4~0.6 | 0.2~0.4 | 0~0.2 |
| 分级赋值 | 1 | 3 | 5 | 7 | 9 |

2. 地质灾害敏感性评价

鄱阳湖生态经济区地质灾害主要是滑坡、泥石流、崩塌、地面塌陷等重力型地质灾害，其与势能有关，而势能又与海拔高程、植被覆盖、地形坡度、地形起伏度、人类活动干扰强度等关系密切。因此，本章借鉴前人研究成果中致灾因子对地质灾害的影响程度以及各因子对地质灾害的敏感性（苏泳娴等，2013；俞孔坚等，2009；周锐等，2015），采用地质灾害敏感性指数进行区域地质灾害敏感性评价，具体评价公式如下：

$$GS_i = \sqrt{\prod_{i=1}^{5} G_i} \tag{6-5}$$

式中，$GS_i$ 为评价区域 $i$ 空间单元地质灾害敏感性指数；$G_i$ 为 $i$ 个评价因子的敏感性等级值，具体评价因子包括海拔高程、植被覆盖、地形坡度、地形起伏度、人类活动干扰强度（见表6-3）。

表 6-3 地质灾害敏感性评价指标体系及权重

| 评价因子 | 不敏感 | 轻度敏感 | 中度敏感 | 高度敏感 | 极敏感 |
|---|---|---|---|---|---|
| 海拔高程（米） | <50 | 50~100 | 100~200 | 200~500 | >500 |
| 植被覆盖 | >0.8 | 0.6~0.8 | 0.4~0.6 | 0.2~0.4 | 0~0.2 |
| 地形坡度（°） | <5 | 5~10 | 10~15 | 15~25 | >25 |
| 地形起伏度（米） | <20 | 20~50 | 50~100 | 100~300 | >300 |
| 人类活动干扰强度 | 林地、高覆盖草地、湖泊、滩涂、滩地 | 水库坑塘、沼泽地、其他未利用土地 | 耕地、中低覆盖草地、裸土地 | 农村居民点、其他建设用地 | 城镇、工矿建设用地 |
| 分级赋值 | 1 | 3 | 5 | 7 | 9 |

### （三）关键性生态空间辨识方法

从单因子分析评价得出的生态系统服务功能重要性和生态敏感性只能反映某一单因子的作用过程，要综合辨识出区域关键性生态空间，则需要根据各项因子的重要性分级赋值，计算每一个空间栅格单元上的综合生态用地指数，得到区域生态保护红线的空间分布等级图。因此，本文采用析取算法，通过计算区域综合生态用地指数，辨识关键性生态空间范围，其具体计算公式如下：

$$EL = \max(WR, S_{pro}, Q, S_{bio}, SS_i, GS_i) \tag{6-6}$$

式中，$EL$ 为综合生态用地指数；$WR$ 为生态系统水源涵养服务能力指数；

$S_{pro}$ 为生态系统土壤保持服务能力指数；Q 为生态系统洪水调蓄能力指数；$S_{bio}$ 为生态系统生物多样性保护服务能力指数；$SS_i$ 为评价区域 i 空间单元水土流失敏感性指数；$GS_i$ 为评价区域 i 空间单元地质灾害敏感性指数。

# 第三节　关键性生态空间的辨识结果

## 一、生态系统服务功能重要性评价结果

依据上述已经建立的生态系统服务重要性评价方法，利用 ArcGIS10.0 软件进行研究区水源涵养、土壤保持、洪水调蓄、生物多样性保护等单因子生态系统功能重要性评价，其重要性评价结果见表 6-4 和图 6-1。

表 6-4　鄱阳湖生态经济区生态系统服务功能重要性评价结果

| 评价因子 | 重要性等级 | 面积（平方千米） | 百分比（%） | 累计百分比（%） |
|---|---|---|---|---|
| 水源涵养功能重要性 | 不重要 | 29688.31 | 56.22 | 56.22 |
| | 一般重要 | 11119.88 | 21.06 | 77.28 |
| | 中等重要 | 2725.38 | 5.16 | 82.44 |
| | 重要 | 4576.56 | 8.67 | 91.11 |
| | 极重要 | 4692.75 | 8.89 | 100 |
| 土壤保持功能重要性 | 不重要 | 32495.56 | 61.54 | 61.54 |
| | 一般重要 | 6893.50 | 13.06 | 74.60 |
| | 中等重要 | 3371.50 | 6.39 | 80.99 |
| | 重要 | 2641.50 | 4.99 | 85.98 |
| | 极重要 | 7400.81 | 14.02 | 100 |
| 洪水调蓄功能重要性 | 不重要 | 41921.25 | 79.39 | 79.39 |
| | 一般重要 | 1592.63 | 3.02 | 82.41 |
| | 中等重要 | 649.63 | 1.23 | 83.64 |
| | 重要 | 1673.13 | 3.17 | 86.81 |
| | 极重要 | 6966.25 | 13.19 | 100 |

| 评价因子 | 重要性等级 | 面积（平方千米） | 百分比（%） | 累计百分比（%） |
|---|---|---|---|---|
| 生物多样性保护功能重要性 | 不重要 | 29452.38 | 55.78 | 55.78 |
| | 一般重要 | 11885.69 | 22.51 | 78.29 |
| | 中等重要 | 3118.56 | 5.91 | 84.20 |
| | 重要 | 1818.00 | 3.44 | 87.64 |
| | 极重要 | 6528.25 | 12.36 | 100 |

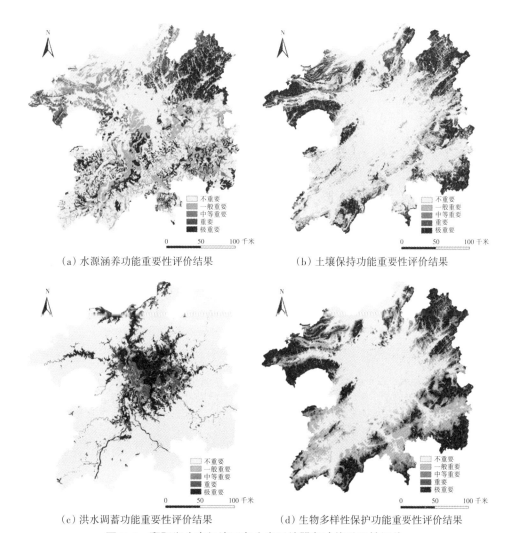

（a）水源涵养功能重要性评价结果　　　　　　（b）土壤保持功能重要性评价结果

（c）洪水调蓄功能重要性评价结果　　　　　　（d）生物多样性保护功能重要性评价结果

**图6-1　鄱阳湖生态经济区各生态系统服务功能重要性评价**

在水源涵养功能重要性评价方面，从表6-4和图6-1（a）中可以看出，极重要和重要的区域面积分别为4692.75平方千米和4576.56平方千米，分别占研究区总面积的8.89%和8.67%。该区域主要分布于鄱阳湖生态经济区东北部丘陵岗地、怀玉山脉西段沿线、东南部的武夷山脉北段沿线以及西部的九岭山和幕阜山东段沿线，赣江流域、抚河流域中上游丘陵山地有零星斑块分布，这些地区水源涵养能力强，对维护当地水资源安全和提升水源涵养功能具有重要作用，能够起到减缓地表径流、补充地下水位、降低河流水量的季节性波动、保证水源水质等作用。

在土壤保持功能重要性评价方面，从表6-4和图6-1（b）中可以看出，极重要和重要的区域面积分别为7400.81平方千米和2641.50平方千米，分别占研究区总面积的14.02%和4.99%。这些区域主要分布于庐山山脉、东北部低山丘陵岗地、东部的怀玉山脉西段沿线、东南部的武夷山脉北段沿线、西部九岭山和幕阜山东段沿线、南部的玉华山地区，这些地区大部分属于红壤、黄壤和黄褐土，土质松弛，加之海拔较高，地形起伏较大，极易发生由于强降水、河湖水流速度大等带来的土壤侵蚀问题。

在洪水调蓄功能重要性评价方面，从表6-4和图6-1（c）中可以看出，极重要和重要区域面积分别为6966.25平方千米和1673.13平方千米，分别占研究区总面积的13.19%和3.17%。主要分布于鄱阳湖湖体核心保护区域、柘林湖水库区域、鄱阳湖生态经济区北部鄱阳湖与长江交汇区域以及区域内河流水系等，这些区域处于河谷平原地区，地势较低，是地表水源集中汇集区，也是水资源保护的重点区域，极易因强降雨、上游泄洪等发生洪涝灾害，威胁人民生活和居住区域安全。

在生物多样性保护功能重要性评价方面，从表6-4和图6-1(d)中可以看出，极重要区域面积为6528.25平方千米，占研究区总面积的12.36%。主要分布于庐山山脉、东北部低山丘陵岗地、东部的怀玉山脉西段沿线、东南部的武夷山脉北段沿线、西部九岭山和幕阜山东段沿线、南部的玉华山地区，这些地区是鄱阳湖生态经济区生物多样性保护的核心地区，该区域森林种群丰富，是大部分生物物种的理想栖息地。其中，重要区域面积为1818.00平方千米，占研究区总面积的3.44%，这些地区主要分布于极重要地区的外围，是本地生物物种核心栖息地的缓冲区和隔离带。极重要和重要区域的面积几乎接近研究区总面积的1/6，是进行生物多样性保护的重点区域。

## 二、生态系统敏感性评价结果

依据前文已经建立的生态系统敏感性评价方法，利用 ArcGIS10.0 软件，开展研究区水土流失、地质灾害等单因子生态系统敏感性评价，其敏感性评价结果见表 6-5 和图 6-2。

表 6-5 鄱阳湖生态经济区生态系统敏感性评价结果

| 评价因子 | 重要性等级 | 面积（平方千米） | 百分比（%） | 累计百分比（%） |
|---|---|---|---|---|
| 水土流失敏感性 | 不敏感 | 29272.19 | 55.44 | 55.44 |
| | 较敏感 | 12292.38 | 23.28 | 78.72 |
| | 中度敏感 | 4184.56 | 7.92 | 86.64 |
| | 高度敏感 | 2020.38 | 3.83 | 90.47 |
| | 极敏感 | 5033.38 | 9.53 | 100 |
| 地质灾害敏感性 | 不敏感 | 35196.19 | 66.65 | 66.65 |
| | 较敏感 | 7681.44 | 14.55 | 81.20 |
| | 中度敏感 | 2964.25 | 5.61 | 86.81 |
| | 高度敏感 | 4829.44 | 9.15 | 95.96 |
| | 极敏感 | 2131.56 | 4.04 | 100 |

在水土流失敏感性评价方面，从表 6-5 和图 6-2（a）中可以看出，中度敏感及其以上区域面积为 112383.2 平方千米，占研究区总面积的 21.28%，其中高度敏感和极敏感区域面积分别为 2020.38 平方千米和 5033.38 平方千米，说明鄱阳湖生态经济区极易发生水土流失，这些区域主要分布在鄱阳湖湖体核心保护区沿线，柘林湖水库沿线，赣江、抚河、信江流域上游低山丘陵岗地，这些区域土质疏松，土壤相对贫瘠，植被覆盖度较低，因此，发生水土流失的可能较大。

在地质灾害敏感性评价方面，鄱阳湖生态经济区地质灾害主要是滑坡、泥石流、崩塌、地面塌陷等，从表 6-5 和图 6-2（b）中可以看出，极敏感区域面积为 2131.56 平方千米，占研究区总面积的 4.04%。主要分布于庐山山脉、西部的九岭山和幕阜山东段、东北部的低山丘陵岗地、东南部的武夷山脉北段等区域，这些地区大多坡度大于 25°，且地表裸露，生态环境相对恶劣，是滑坡、泥石流、崩塌、地面塌陷等地质灾害频发的极端危险区域。高度敏感区域面积为 4829.44

平方千米，占研究区总面积的 9.15%，主要分布于东北部的低山丘陵岗地、东部的怀玉山脉西段沿线以及极敏感区域的周边，这些地区发生滑坡、泥石流、崩塌、地面塌陷等地质灾害的可能性较大。

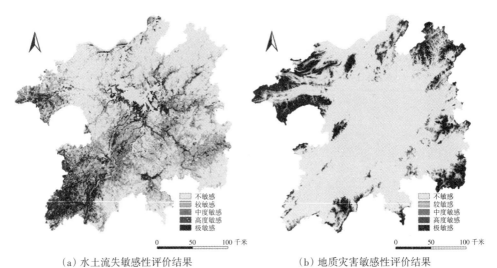

（a）水土流失敏感性评价结果　　　　（b）地质灾害敏感性评价结果

**图 6-2　水土流失敏感性和地质灾害敏感性评价**

## 三、关键性生态空间范围

根据相关研究成果，将生态系统服务功能重要性评价和生态系统敏感性评价极重要和极敏感区域作为底线型生态空间，重要和高度敏感区域作为危机型生态空间，中等重要和中度敏感区域作为缓冲型生态空间，一般重要和较敏感、不重要和不敏感区域作为安全型生态空间。根据前文已经建立的鄱阳湖生态经济区关键性生态空间辨识方法，采用析取算法，得到鄱阳湖生态经济区关键性生态空间辨识范围（见表 6-6 和图 6-3）。

**表 6-6　鄱阳湖生态经济区关键性生态空间辨识结果**

| 关键性生态空间类型 | 面积（平方千米） | 百分比（%） | 累计百分比（%） |
| --- | --- | --- | --- |
| 底线型生态空间 | 17125.31 | 32.43 | 32.43 |
| 危机型生态空间 | 4431.19 | 8.39 | 40.82 |
| 缓冲型生态空间 | 6194.75 | 11.73 | 52.55 |
| 非关键性生态空间 | 25051.63 | 47.45 | 100 |

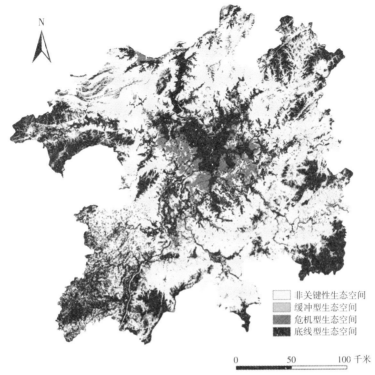

非关键性生态空间
缓冲型生态空间
危机型生态空间
底线型生态空间

0      50      100 千米

图6-3 鄱阳湖生态经济区关键性生态空间范围

从表6-6和图6-3可以看出，经综合评价辨识后鄱阳湖生态经济区底线型生态空间面积为17125.31平方千米，占研究区总面积的32.43%，其分布较为集中，主要分布于鄱阳湖湖体核心区、庐山山脉地区、东北部的低山丘陵岗地、东部的怀玉山脉西段沿线、东南部的武夷山脉北段沿线、西部的九岭山和幕阜山东段、南部的玉华山地区以及赣江和抚河流域中上游低山丘陵地区，区域内大中型水库等区域也有少量斑块分布，这些地区是维护区域生态安全的核心区域，生态环境脆弱，人类活动对其影响反应剧烈，是生态环境保护的底线安全区域，应加强生态环境保护和生态基础设施建设，严格禁止城镇开发建设等人类活动，保持生态平衡。危机型生态空间面积为4431.19平方千米，占研究区总面积的8.39%，其主要分布于鄱阳湖湖体核心区的外围以及底线型生态空间的周边，分布较为集中，对区域生态系统的安全保障承担着重要作用，也应加强生态环境保护和生态基础设施建设，严格控制城镇开发建设等人类活动。缓冲型生态空间面积为6194.75平方千米，占研究区总面积的11.73%，其分布较为零碎，应在保护生态环境的同时，允许有条件的地区进行城镇开发建设活动，履行严格的用地审批和生态环境保护要求，禁止盲目开发建设，合理规划，从而达到人与自然和谐相处。

## 四、现状土地利用生态安全冲突分析

将现状土地利用中的建设用地、农业用地与综合关键性生态用地叠加，通过分析建设用地和农业用地在关键性生态空间的分布结构来评价现状土地利用。

表 6-7　现状土地利用生态安全冲突区

| 关键性生态空间级别 | 建设用地（公顷） | 占比（%） | 耕地（公顷） | 占比（%） |
|---|---|---|---|---|
| 非关键性生态区 | 145947.49 | 90.69 | 1776972.53 | 85.71 |
| 缓冲生态区 | 5465.78 | 3.39 | 103083.95 | 4.97 |
| 危机生态区 | 2427.03 | 1.51 | 42377.08 | 2.04 |
| 底线生态区 | 7082.38 | 4.40 | 150698.68 | 7.27 |
| 合计 | 160922.68 | 100.00 | 2073132.24 | 100.00 |

从表 6-7 可以看出，2010 年鄱阳湖生态经济区中两类人类活动剧烈的土地利用类型中，超过 90% 的建设用地处于生态安全或生态较为安全的空间内，仍然有 6% 左右的建设用地处于脆弱甚至极脆弱的生态环境中，对于这些区域的建设用地，一方面存在着较大的生命财产风险，另一方面它们的存在对区域自然环境、生态安全也构成极大的威胁。在耕地利用中，有接近 90% 的农用地处于安全或者较安全的区域中，而约有 10% 的耕地是处于脆弱甚至是极脆弱的生态环境中，这部分耕地的存在对区域生态环境构成了较大的威胁。

# 第四节　结论与讨论

## 一、结论

根据不同类型土地的生态功能及评价目标的差异性，本章分别从生态系统服务功能重要性和生态系统敏感性两个方面，选取水源涵养、土壤保持、洪水调蓄、生物多样性保护、水土流失以及地质灾害 6 个单因子生态过程，构建了区域关键性生态空间辨识方法，并基于 RS 和 GIS 等相关空间信息技术对研究区关键性生态空间进行辨识，得到如下结论：

本章将鄱阳湖生态经济区生态保护红线区划分为底线型生态空间、危机型生态空间和缓冲型生态空间。通过叠加分析，结果表明鄱阳湖生态经济区关键性生态空间面积为 27751.25 平方千米，大约占研究区总面积的一半，其中底线型生态空间占比最大，达到 32.43%，大约占全区面积的 1/3。缓冲型生态空间次之，为 11.73%。辨识结果较好地反映维护区域自然生态环境和人类活动范围的空间分布特征，也验证了提出构建区域关键性生态空间辨识方法的可行性。在关键性生态空间内，耕地和建设用地面积分别为 8539.5 平方千米和 860.38 平方千米，分别占关键性生态空间总面积的 30.77% 和 3.1%。

## 二、讨论

本章通过辨识鄱阳湖生态经济区关键性生态空间，针对不同关键空间提出相应的政策启示，以便更好地保护区域生态环境，构建区域生态安全格局，实现人与自然和谐相处。

（1）针对底线型生态空间，可制定相关政策法规，以法律法规的形式将底线型红线区域纳入城市发展、经济发展、城乡建设用地扩张和耕地开垦的禁止开发区域。同时，在生态保护的核心区域（如鄱阳湖湖体核心区、区域各流域支流沿岸地带、高山森林区域、水源保护区等）严格禁止任何城镇开发建设活动，切实加强对区域生态环境保护的宣传教育力度，推动公众自觉参与到生态环境保护中来，采取生态保育和生态调控措施，实施退耕还林还湖还草，封山育林以及加大对水源保护区的保护力度，重点区域实施生态移民，从而缓解对当地生态环境的压力。

（2）针对危机型生态空间，在实现上述调控措施的基础上，要实施区域土地利用生态补偿政策，界定好补偿的对象、补偿标准和方式等，对合理利用土地资源和保护生态环境的对象从经济利益等方面进行合理补偿，构建土地利用生态补偿的常态化机制。同时，要创新土地利用生态补偿机制，可通过税收等财税手段加大对区域生态环境产生不良影响的经济活动主体的征税力度，通过税收杠杆把区域生态安全引导向健康道路。

（3）针对缓冲型生态空间，在实现上述调控措施的基础上，要加强生态安全的动态监测，合理调控区域土地利用，确定好自然生态用地、农业用地以及城市建设用地等控制指标，保证自然生态用地、农业用地和城市建设用地三者动态平衡，不断优化生态安全格局。同时，环境保护各主管部门要相互协调，及时发现生态环境破坏行为，及时处理，把对生态环境威胁的行为影响降到最低。

在对土地利用生态安全冲突分析中可知，有部分现状耕地和建设用地处于关键性生态空间内，这两类土地是人类干扰强度最大的土地类型，一旦人类干扰强度超过了其生态承受能力，则会影响生态系统功能的正常运行，从而威胁局部地区甚至全区的生态安全。随着我国经济的发展和城镇化水平的提速，人类活动范围的扩大和活动强度的增强，都将会对区域自然生态环境以及维护区域生态安全产生更大的干扰。因此，通过关键性生态空间的辨识，可以提前预警农业、城镇发展与关键性生态用地发生冲突的空间位置，为区域合理而又科学地规划土地利用提供依据。

# 第七章 鄱阳湖生态经济区生态安全
# 预警机制研究

## 第一节 引言

　　城镇化是中国近 30 年来发展的主流，改革开放以来，中国的城镇化率从 1978 年的 17.92%上升至 2015 年的 56.1%，年均增长 1%（王怡睿等，2016）。伴随着城镇化的推进，城镇人口激增，大城市、超大城市不断涌现，城市土地面积急剧扩张，土地利用格局也随之变化。由人类活动带来的土地利用变化所引发的生态、环境变化往往相对激烈，并且能够在较短的时间段内引起生态系统或环境质量量变甚至质变。不少地区由于早期规划带有严重的主观性，缺乏科学规划，导致城市无序蔓延，一些维护区域生态安全的关键性生态空间被建设用地和农业用地侵占，严重威胁区域的生态安全。关注区域尺度下的土地利用安全问题，对区域内的土地利用生态安全问题进行提前预警和防范，是实现区域土地资源可持续发展的基础。

　　随着土地生态安全问题的产生和信息技术的发展，土地生态安全预警随即出现（吴次芳和鲍海君，2004），国内外开展了大量的相关研究。国外的研究主要集中在监测系统的构建上，如土壤监测系统的建设（张桃林等，1999），土地利用变化的动态监测（Stephenne 和 Lambin，2001），以及土地生态环境预警监测等。国内的土地生态预警研究，主要涉及土地生态安全预警理论（吴次芳和鲍海君，2004；黄贤金和曲福田，1998）、预警指标体系（吴冠岑，2008；余敦等，2012）、预警方法和预警信息系统建设（李志斌等，2007）等方面，例如，陆均良和孙怡（2010）利用信息通信技术在水利风景区构建生态预警系统；王会让和宁虎森（2016）从生态水位界定、水环境监测和人工调控等方面进行了 $CO_2$ 减排林的生态预警分析；黄志强等（2014）则从石漠化分级程度的视角构建了农地石漠化预警机制；谢莹和张明祥（2014）通过选择重要的湿地特征指标构建了湿地生态预警机制。综合来看，构建单一的土地利用生态安全预警机制仅需要考虑某一单一土地利用内部的利用行为的变化或土地性状的变化，其变化特征一般较为明显，建立生态预警机制相对容易。而区域土地利用是一个复杂巨系统，是在人类活动的持续或周期性干预下，进行土地自然再生产的社会经济过程（刘彦随，1999），在这个过程中，由多种土地利用变化所引起的生态系统结构和功能的变化是导致生态安全遭受威胁的本质原因，因此，构建土地利用生态安全的预警机制是未来土地利用研究的重要方向，该机制的建立将有助于区域生态安全屏障的建立，防患于未然。从"预警"的定义可知，是指在灾害或其他需要提防的危险发生之前，根据以往的总结规律或观测得到的可能性前兆，向相关部分发出紧急信号，报告危险情况。因此，区域土地利用生态安全预警机制至少应包括三部分内容：第一，辨识土地利用可能存在的生态风险，构建生态红线；第二，根据以往的规律或观测结果预测可能的土地利用变化发展走势，尤其是对自然生态系统影响激烈的建设用地和耕地的发展变化；第三，预警级别的确定。

在国内，土地利用需求量预测往往指的是建设用地需求量预测，因为中国正处于快速发展的阶段，人口的增长与建设用地不足的矛盾导致中国在制定土地利用规划时都要预测建设用地需求量。马尔可夫预测法主要通过对土地利用结构预测来达到预测未来土地需求量的目的，土地利用结构就是一个系统，其变化发展的过程，也就是土地利用结构从一种状态到另一种状态的过程，这个过程是完全随机的，并具有转移概率，这也即马尔可夫预测模型运行的原理。因此，当土地政策较为稳定时，运用该模型预测建设用地需求量较为合理。

20 世纪 40 年代末 S.Ulan 和 J.von Neumann 提出了元胞自动机（Cellular Automata，CA）模型，这是一种时间、空间、状态都离散，空间相互作用和时间因果关系都为局部的网格动力学模型，具有模拟复杂系统时空演化过程的能力（赵莉等，2016）。区域土地利用安全格局变化是一个高度复杂的空间动态非线性过程，是不同尺度上自然环境因素和人文社会经济因素相互作用的结果，既有自然演化过程，又存在人类活动的干扰导致土地利用格局的变化。因此，传统的计量经济学模型已无法定量分析和动态模拟土地利用安全格局的变化问题（Lambin等，2001）。元胞自动机（Cellular Automata，CA）是一种时间、空间、状态都离散，空间上相互作用和时间上强调因果关系的局部网格动力学模型，被广泛应用于土地利用安全格局过程模拟，它具有强大的复杂计算功能、固有的平行计算能力、地理空间概念以及高度动态化等特征，特别是其"自下而上"的研究思路，使得它在复杂系统微观空间变化模拟方面具有很大的优势和很强的能力（曹雪等，2011）。

鄱阳湖生态经济区是中国南方经济最活跃的地区之一，是中国重要的生态功能保护区，全球重要生态区。由于历史、人口、经济社会发展等诸多因素的影响，在过去的 30 年间，生态环境问题凸显，城镇化、森林过度采伐、围湖造田等不合理的土地利用方式将区域内大量森林、湿地等发挥重要生态服务功能的生态用地转化为建设用地、农业用地等非生态用地，对区域的生态系统造成较大的影响。然而，作为新兴的经济区，鄱阳湖生态经济区的发展目标是致力于促进生态和经济协调发展，建设成为全国乃至世界生态文明与经济社会发展协调统一、人与自然和谐相处、经济发达的世界级生态经济示范区。从土地利用的角度出发，要实现这样的目标，建立区域的土地利用生态安全预警机制是当务之急。本章首先利用马尔可夫预测模型进行鄱阳湖生态经济区 2030 年土地利用总量预测；其次在 GeoSOS 软件平台上基于 Logistic-CA 模型模拟研究区 2030 年的土地利用分布格局；最后，利用前期研究成果（研究区生态红线）建立土地利用生态安全的预警机制。

# 第二节　数据来源和研究方法

## 一、数据来源

研究数据为中国科学院地理科学与资源研究所提供的鄱阳湖生态经济区 2000 年、2010 年遥感解译数据（土地利用类型分类），辅助数据有 DEM、区位数据（离最近城镇中心、公路、河流距离）、历年统计年鉴等。统计年鉴数据主要为《江西统计年鉴》（2000~2010），并根据市、县基本情况处理后得到。所有空间数据重采样为 250 米 × 250 米的栅格数据。表 7-1 为 Logistic-CA 模型中涉及的变量。

表 7-1　逻辑回归模型挖掘转换规则所需要的空间变量

| | 变量类型 | 获取方法 | 标准化值 |
|---|---|---|---|
| 因变量 | 2000~2010 年转为城镇用地 | 叠加分析 | 转为城镇用地为 1；未转为城镇用地为 0 |
| | 2000~2010 年转为耕地 | 叠加分析 | 转为耕地为 1；未转为耕地为 0 |
| 自变量 | 离最近城镇中心的距离 | ArcGIS 的 Eucdistance 函数 | 0~1 |
| | 离最近公路的距离 | ArcGIS 的 Eucdistance 函数 | 0~1 |
| | 离最近河流的距离 | ArcGIS 的 Eucdistance 函数 | 0~1 |
| | 高程 | DEM 数字化 | 0~1 |
| | 坡度 | DEM 生成 | 0~1 |

截至 2010 年，鄱阳湖生态经济区土地利用类型主要为耕地、林地、草地、水域、建设用地、未利用地等。其中，耕地占土地总面积的 38.96%，林地占土地总面积的 42.02%，草地占土地总面积的 3.79%，水域占土地总面积的 11.76%，建设用地占土地总面积的 3.46%，未利用地占土地总面积的 0.01%。

## 二、研究方法

单一的 CA 模型或者 Markov 模型都具有一定的缺点和局限性，但将两者集合起来就具有天然的优势。利用 CA-Markov 模型模拟各种自然环境因素和人为社会因素相互作用下的区域土地利用安全格局，可在一定程度上表达出传统计量经济学模型几乎无法描述的非线性特征，不仅能够对土地利用状况进行数量模拟，而且加入了较强的空间概念元素，同时能够基于模型模拟结果，提出不同调控情景策略下的土地利用安全格局优化方案和对策建议。

Logistic-CA-Markov 模型主要由 Markov 模型宏观总量预测模块和 Logistic-CA 模型微观演化格局预测模块两个子模块组成。模型的基本思路是：从单一的 CA 模型或者 Markov 模型在总量预测和时空模拟方面存在缺陷的角度出发，首先在自然发展情景下预测未来，新增建设用地总量，并以未来土地利用需求总量预测值控制 CA 迭代时间和迭代次数。其次，以 CA 模型为基础，选择影响土地利用变化的自然环境因素和人文社会经济因素，通过 Logistic 回归的 CA 元胞适应度计算、邻域空间影响以及强制性约束条件的确定，引入随机干扰项后，以元胞综合转换概率代替复杂的转换规则的制定。最后，在 GIS 技术支持下，通过 Markov 模型宏观总量预测和 CA 模型微观演化格局预测两方面优势结合进行区域土地利用安全格局情景变化模拟。本研究中首先基于 Markov 模型预测了 2030 年研究区的新增建设用地需求量，在此基础上构建 Logistic-CA 模型预测新增建设用地的分布格局，根据中国的耕地占补平衡政策，得出需要补充的耕地数量，再一次构建 Logistic-CA 模型预测补充耕地的分布格局从而得到研究区 2030 年的土地利用分布格局。土地利用安全格局 CA-Markov 模型思路框架如图 7-1 所示。

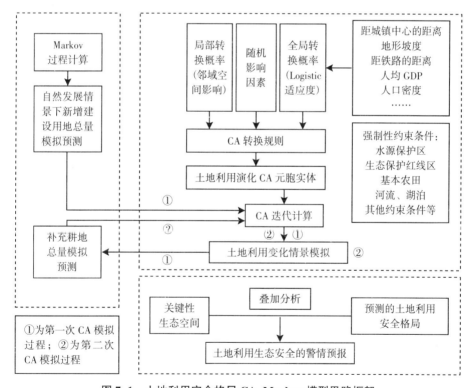

**图 7-1 土地利用安全格局 CA-Markov 模型思路框架**

1. Markov 模型土地利用宏观总量预测子模块

Markov 模型如下所示：

$$X_{t+1} = Y_{ij} \cdot X_t \quad (i, j=1, 2, \cdots, n) \tag{7-1}$$

2. 全局转换概率确定

在土地利用变化模拟过程中，元胞单元转换为其他土地利用类型的概率越高预示着其发展为其他土地利用类型的适宜性越大。土地利用类型的适宜性可通过一系列影响土地利用变化的空间变量进行测度，这些变量包括土地演化过程中的自然环境因素和人文社会经济因素等。本章以相关 Logistic 回归模型的文献为研究基础，构建 CA 元胞适宜度计算公式。具体计算公式如下：

$$P(i_m) = E(Y_m | X_i) \tag{7-2}$$

式中，$P(i_m)$ 表示地块单元 i 在元胞状态 $X_i$ 时，选择第 m 种土地利用类型的发生概率，即选择事件 $Y_m$ 的发生概率；$X_i$ 为土地利用变化的影响因素，如距城镇中心的距离，地形坡度，距河流、湖泊的距离，人口密度等；$m \in \{$耕地，城乡建设用地，生态用地，未利用地$\}$。

对逻辑回归方程组采用 Theil 正规化之后，土地利用类型转换率可以表示为：

$$P(i_m) = \frac{\exp(\alpha_m + \beta_m X_i)}{1 + \sum_{m=2}^{n} \exp(\alpha_m + \beta_m X_i)} \quad m = 2, \cdots, n; \ \text{且} \ \sum_m P(i_m) = 1 \tag{7-3}$$

通过对方程组进行求解，可以得到在一定时期内元胞单元 i 从原来的土地利用类型转移为土地利用类型 m 的概率集合，每个元胞单元对应的概率最大值，就是该元胞在下一时期可能转换的土地利用类型；研究主要保存各地类的元胞适宜度作为 CA 模型全局转换率，$P(i_m)$ 值在区间 $[0, 1]$ 内。

3. 局部转换概率确定

元胞单元全局转换概率只考虑到各种空间距离变量（如距城镇中心的距离，地形坡度，距河流、湖泊的距离，人口密度等）对其土地利用类型转换的影响，而 CA 模型的邻域对土地利用类型转换具有非常重要的影响，因此，在进行元胞单元转换时还需要考虑邻域对元胞中心单元的影响，在 CA 模型中增加了使土地利用类型趋于紧凑的动态模块，能够防止元胞空间布局凌乱的现象。具体计算公式如下：

$$\Omega_{i_m}^{t} = \frac{\sum_n \text{con}(i_m)}{n - 1} \tag{7-4}$$

式中，$\Omega_{i_m}^{t}$ 表示 t 时刻第 i 个地块单元上适合第 m 种土地利用类型转换的局部概率；$\text{con}(i_m)$ 是元胞邻域范围内 $\{$耕地，城乡建设用地，生态用地，未利用地$\}$的总数目，n 为该邻域范围内的总元胞数目。

## 4. 强制性约束条件的设定

在 CA 模型中还必须综合考虑客观的元胞单元约束条件，譬如河湖水体、基本农田等转换成建设用地的可能性一般比较低。因此，在 CA 模型中有必要引入元胞单元的约束条件 $con(S_{i_m}^t = suitable)$，con 值在区间 [0, 1] 内。

## 5. 随机干扰因子的设定

土地利用类型在空间扩展和转换过程中还受到各种政治因素、人为因素、随机因素和偶然事件的影响和干预，特别是人为因素，使其演化过程更为复杂。因此，为了使 CA 模型的运算结果更接近实际情况，反映出土地利用系统所存在的固有的不确定性，在改进的约束性 CA 模型中引进了随机干扰项。具体计算公式如下：

$$R = 1 + (-\ln\gamma)^\alpha \tag{7-5}$$

式中，$\gamma$ 为值在 [0, 1] 范围之内的随机干扰项；$\alpha$ 为控制随机变量影响大小的参数，取值为 [1, 10] 范围之内的整数。

## 6. 元胞综合转换概率的确定

元胞综合转换概率需要综合考虑全局转换概率、局部转换概率、强制性约束条件和随机干扰因子的影响，任意元胞单元在 t+1 时刻的转换概率可由式 (7-6) 表达。

$$P_{总}^{t+1} = P_{i_m}^t \times \Omega_{i_m}^t \times con(S_{i_m}^t = suitable) \times R \tag{7-6}$$

式中，$P_{总}^{t+1}$ 表示元胞单元在 t+1 时刻转换的综合概率值；$P_{i_m}^t$ 表示元胞单元的全局转换概率值；$\Omega_{i_m}^t$ 表示元胞单元受邻域空间范围影响的概率值；$con(S_{i_m}^t = suitable)$ 表示元胞单元的强制性约束条件值；R 表示土地转换过程中的随机干扰因子。

将综合概率值标准化到区间 [0~1] 内，与所选择的转换为目标用地（建设用地或者耕地）的阈值 $P_{threshold}$ 进行比较。

$$\begin{cases} P_{总} \geq P_{threshold}，转换为目标用地 \\ P_{总} < P_{threshold}，转换为其他用地 \end{cases}$$

当 $P_{总} \geq P_{threshold}$ 时，土地直接转换为目标用地，当 $P_{总} < P_{threshold}$ 时，土地转换为其他用地类型。其转换规则定义为：在局部约束条件中，统计当前元胞周围邻域范围内的其他用地类型像元数目，根据上述公式分别计算每种土地利用类型的转换概率，在全局转换概率与随机干扰因子不变的情况下，分别计算每种土地利用类型的转换概率并取最大值作为该种土地利用类型。

$$\begin{cases} P_{总} \geqslant P_{threshold}，转换为 i 的土地利用类型 \\ P_{总} < P_{threshold}，保持原有土地利用类型不变 \end{cases}$$

式中，i 为除目标用地外的其他土地利用类型中的一种。

# 第三节　土地利用格局模拟

## 一、土地利用需求预测

应用马尔可夫预测模型的关键是确定土地利用转移概率，2000~2020 年研究区的土地利用转移矩阵构成形式如表 7-2 所示，可知，在 2000~2010 年，每种地类都有不同程度的转入和转出，其中耕地的转入转出量最大，耕地转为建设用地的量也最多，为 284.67 平方千米；其次为林地，转为建设用地面积为 53.12 平方千米；转入转出量最少的属未利用地。根据经验，在自然发展的情景下，建设用地会继续增加，这是符合区域发展规划的，而建设用地的增加往往会优先占用城镇周边的耕地从而导致耕地面积的减少，根据我国的耕地占补平衡政策，建设占用的耕地是需要相应补充的，同时研究区是重要的粮棉基地，其耕地保护的力度也较大。因此，在 TreeAge Pro 10 平台上我们首先根据 Markov 预测模型预测建设用地的需求量，模拟结果显示到 2030 年，建设用地需求总量为 2374.49 平方千米，新增建设用地 602.02 平方千米。

表 7-2　2000~2010 年研究区土地利用转移矩阵

单位：平方千米

| | 耕地 | 林地 | 草地 | 水域 | 建设用地 | 未利用地 | 合计 |
|---|---|---|---|---|---|---|---|
| 耕地 | 19725.69 | 42.82 | 9.76 | 176.23 | 3.34 | 0.00 | 19957.83 |
| 林地 | 36.81 | 21294.87 | 163.80 | 6.97 | 0.61 | 0.00 | 21503.07 |
| 草地 | 2.37 | 13.40 | 1906.98 | 14.37 | 0.18 | 0.00 | 1937.30 |
| 水域 | 114.98 | 10.86 | 10.92 | 5882.87 | 3.40 | 0.00 | 6023.02 |
| 建设用地 | 284.67 | 53.12 | 6.00 | 24.02 | 1404.48 | 0.18 | 1772.47 |
| 未利用地 | 0.00 | 0.00 | 0.00 | 0.00 | 0.00 | 6.31 | 6.31 |
| 合计 | 20164.51 | 21415.07 | 2097.47 | 6104.46 | 1412.00 | 6.49 | 51200.00 |

## 二、基于建设用地需求量的土地利用模拟

在 GeoSOS 软件平台上基于 Logistic 回归的 CA 模型的要求，将 2000 年、2010 年鄱阳湖生态经济区的遥感影像转为 ASCII 格式的文件备用，为了使模型更快地收敛，将坡度、DEM、离最近城镇中心距离、离最近公路距离、离最近河流距离等栅格数据都进行归一化处理，转为 ASCII 数据备用。

采用逻辑回归 CA 模型，首先使用 2000 年和 2010 年的土地利用分类数据和空间变量作为输入变量，根据不同类型的土地利用数据设置元胞的发展方向。根据 2000~2010 年土地利用转变的发生事实，我们设置耕地的发展方向为"可以转为建设用地"，林地的发展方向为"可以转为建设用地"，草地的发展方向为"可以转变为建设用地"，水域的发展方向为"不可转为建设用地"，建设用地一般来说是不可逆的，因此建设用地元胞依然保持建设用地状态，未利用地的发展方向为"可转为建设用地"。通过对经验数据的回归得到每个因子的权重，构建具有可靠因子的转换规则，得到在元胞自动机模型在元胞空间内每个栅格转为建设用地的概率。根据 Markov 预测模型，到 2030 年研究区建设用地需求总量为 2374.49 平方千米，新增建设用地 602.02 平方千米，因此本次模拟的转换总量为：9600 个元胞，模拟要迭代的次数为 100 次，每次迭代转换量为 96 个元胞，模拟过程中实际新增建设用地 600.00 平方千米。模拟结果见图 7-2。模拟过程中的土地利

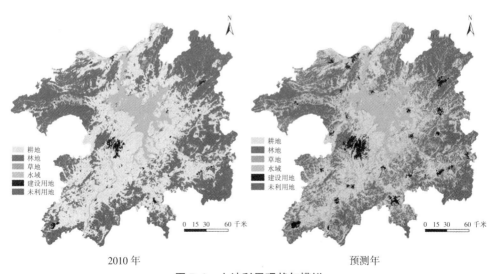

2010 年　　　　　　　　　　　　　　　　预测年

**图 7-2　土地利用现状与模拟**

用转移矩阵见表7-3。

表7-3 基于建设用地需求量的CA模拟期内研究区土地利用转移矩阵

| | 耕地 | 林地 | 草地 | 水域 | 建设用地 | 未利用地 | 合计 |
|---|---|---|---|---|---|---|---|
| 耕地 | 19466.49 | 445.00 | 42.25 | 0.00 | 0.00 | 0.25 | 19953.99 |
| 林地 | 0.00 | 20963.05 | 0.00 | 0.00 | 0.00 | 0.00 | 20963.05 |
| 草地 | 0.00 | 0.00 | 1881.65 | 0.00 | 0.00 | 0.00 | 1881.65 |
| 水域 | 0.00 | 0.00 | 0.00 | 6023.02 | 0.00 | 0.00 | 6023.02 |
| 建设用地 | 491.35 | 95.01 | 13.40 | 0.00 | 1772.47 | 0.06 | 2372.29 |
| 未利用地 | 0.00 | 0.00 | 0.00 | 0.00 | 0.00 | 6.00 | 6.00 |
| 合计 | 19957.83 | 21503.87 | 1937.30 | 6023.02 | 1772.47 | 6.31 | 51200.00 |

根据表7-3可知，新增建设用地的来源主要是耕地和林地。从图7-2可知，由耕地转为建设用地的元胞主要分布在城镇周边，并且越靠近地市中心，转换量越大。根据我国的耕地占补平衡政策，建设占用的耕地需要相应补充，同时研究区是重要的粮棉基地，其耕地保护的力度也较大，因此，这里继续根据模拟期内减少的耕地数量模拟到2030年研究区可能存在的耕地补充区域。

### 三、基于耕地补充的土地利用模拟

由表7-3可知，模拟期内有491.35平方千米的耕地转为建设用地，对应到元胞个数大约为7800个，为此我们建立耕地补充的Logistic-CA模型，仍然使用2000年和2010年的土地利用分类数据和空间变量作为输入变量，但各类型元胞的发展方向不同于建设用地CA模型，为了简化模型，这里仅考虑其他地类转为耕地，不考虑耕地转为其他地类。我们设置林地的发展方向为"可以转为耕地"，草地的发展方向为"可以转为耕地"，未利用地的发展方向为"可以转为耕地"，水域的发展方向为"不可转为耕地"，建设用地一般来说是不可逆的，设置为"不可转为耕地"，耕地本身保持原有状态。通过对经验数据的回归得到每个因子的权重，构建具有可靠因子的转换规则，得到在元胞空间内每个栅格转为耕地的概率。本次模拟的转换总量为：7800个元胞，迭代的次数为100次，每次迭代转换量为78个元胞，因此在实际模拟中有487.5平方千米的其他类型的土地转为了耕地。

从模拟结果的空间结构看，到2030年区域建设用地的增长呈现出从原城镇中心的范围向外扩张的趋势，且这一趋势非常明显，其中南昌市的建设用地扩张范围最大，一方面，沿着赣江两侧扩张；另一方面，受西北部山区丘陵（海拔相对较高，多为林地）的阻碍，建设用地扩张主要向原城镇范围的东南部发展。而补充的耕地数量相对原耕地总量是非常小的，因此在图7-2中并不能很清晰地显示出来，但从模拟期内的土地利用转移矩阵可以看出，补充的耕地主要由林地转换而来，原因：一方面，根据以往的经验，2000~2010年新增耕地主要由林地转变而来；另一方面，区域后备土地资源不足。

# 第四节　生态安全下的土地利用预警系统建立

将第三节的模拟结果，也即将新增的建设用地和耕地与区域关键性生态空间进行叠加，可得到自然发展情景下未来区域土地利用的生态安全预警情况，如表7-4所示。

表7-4　新增建设用地和耕地的生态安全警情分布情况

单位：平方千米，%

| 土地利用类型 | 无警 | 轻警 | 中警 | 重警 | 巨警 | 合计 |
|---|---|---|---|---|---|---|
| 建设用地 | 391.56 | 163.69 | 30.63 | 6.13 | 8 | 600.00 |
| 百分比 | 65.26 | 27.28 | 5.10 | 1.02 | 1.33 | 100 |
| 耕地 | 92.94 | 252.00 | 108.44 | 24.25 | 9.88 | 487.5 |
| 百分比 | 19.06 | 51.69 | 22.24 | 4.97 | 2.02 | 100 |
| 合计 | 484.5 | 415.69 | 139.06 | 30.38 | 17.88 | 1087.5 |

从表7-4中可知，模拟的新增建设用地中，存在警情的占34.73%，面积为208.45平方千米，其中，轻警占27.28%，中警占5.10%，重警和巨警分别占1.02%和1.33%。而补充的耕地中，无警情仅占总数的19.06%，面积为484.5平方千米；轻警和中警所占的比例最大，分别为51.69%和22.24%；重警和巨警共占6.99%。从上述数据可以看出，对新增建设用地来说，尽管中警及以上部分仅

占到新增总数的 7.45%，从生态安全的角度考虑，仅需将这部分可能需要增加的建设用地剔除，再增加相应的无警状态的建设用地即可。然而，新增的建设用地中超过 80% 是由耕地转变而来，要保证区域的耕地保有量，则应开垦新的耕地，从模拟的新增耕地的警情数据看，无警部分少于 20%，也就是说补充的 80% 的耕地对区域的生态安全都存在威胁，这对区域生态安全是极其不利的。

从空间分布上看，警情最为严重的区域主要分布在图 7-3 中圆圈圈出的地方，对应到土地利用现状图上可知，这些区域基本上都处于城镇周边，按照区域自然发展的情景，城镇周边的耕地、林地会优先被占用，而这些土地对区域的生态安全有着举足轻重的作用，一旦真的被占用，就会威胁区域的生态安全，因此对这些区域设置警情提醒很有必要。与城镇扩张造成的警情聚集不同，补充耕地主要带来全域范围内的土地利用生态安全警情，虽然警情严重程度不高，但分布范围甚广。

# 第五节　结论与政策建议

本章首先运用 Markov 预测模型预测了到 2030 年鄱阳湖生态经济区的建设用地需求量，在此基础上基于 Logistic-CA 模型模拟到 2030 年新增建设用地的分布，将这其中由耕地转为新增建设用地的数据量继续基于 Logistic-CA 模型模拟到 2030 年补充耕地的分布，把这一结果作为土地利用格局模拟的最终结果，与第六章中得到的关键性生态空间进行叠加得到区域未来土地利用变化下生态安全的预警情况。土地利用生态安全预警结果显示，大约 35% 的新增建设用地和 80% 的补充耕地处于有警情的状态下，这对区域的生态安全极其不利。从警情空间分布情况看，建设用地扩张主要造成原城镇周边的生态安全预警，且存在的警情级别较高，而补充耕地则造成全域生态安全预警，其警情级别相对较低，但分布广泛。也就是说，按照目前的发展模式（建设用地扩张，耕地占补平衡），区域未来的土地利用会对其生态安全造成很大的威胁，建设用地扩张主要造成原城镇范围周边的重大警情，耕地补充则造成全域范围的中轻警情。

从上述结论可知，目前的区域土地利用发展模式是不可持续的，按照这样的

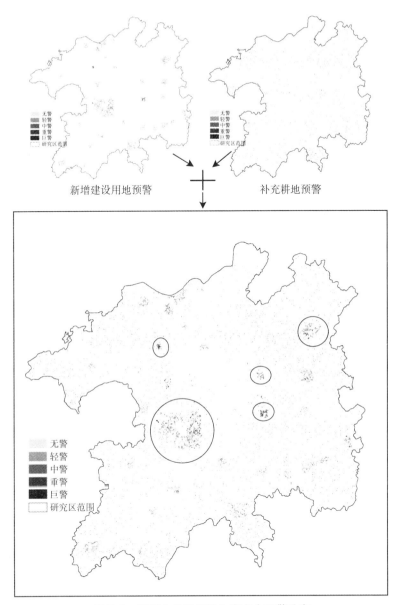

新增建设用地预警　　　　补充耕地预警

图 7-3　模拟土地利用的生态安全预警分布

发展模式，区域未来土地利用生态安全必将受到威胁。因此，从区域生态安全的角度考虑，我们提出以下政策建议：

（1）城镇建设用地的扩张模式应改为内部挖潜的方式。虽然从预警结果看，建设用地扩张带来的土地利用生态安全警情严重情况不突出，但往往出现警情集聚现象，一旦危险发生，很可能会造成"1+1>2"的严重威胁态势。而城镇又是人口集聚的地方，当危险发生时，必然会造成人员、财产的重大损失。从已有的案例看，近年来，南昌市内洪涝灾害多发，造成人们出行不便，更带来了严重的经济损失。此外，建设用地往往是通过侵占耕地而扩张的，但按照目前的土地管理法和保障粮食安全的社会要求，被建设占用的耕地要进行相应的补充，补充耕地则会带来新一波土地利用的变化，而区域可利用的耕地后备资源少，补充的耕地则主要由开发现有林地完成。

（2）补充耕地这一环节容易造成全域范围内的土地利用生态安全警情，虽然造成的生态安全危险程度不高，但分布范围广，长时期的积累容易造成区域生态安全"坍塌式"的崩溃，因此，就耕地补充这一环节，可以考虑恢复撂荒地的耕种，减少新开垦耕地的范围，加大土地整治力度，挖掘耕地内部的生产潜力。

（3）本章所构建的土地利用生态安全预警机制是根据区域面临的最主要生态威胁（土壤流失、生物多样性、水资源安全等）辨识出关键性生态空间，同时模拟区域自然发展情景下的土地利用变化格局，在两者叠加的基础上建立区域土地利用生态安全的预警机制，具有比较高的科学性和实用性，建议区域规划部门在进行土地利用规划时可参照此模型，防患于未然。

# 第八章 鄱阳湖生态经济区土地利用可持续性水平测度分析[①]

## 第一节 引言

土地利用可持续性是指土地利用既要满足当代人的经济、社会发展需求，又不妨碍后代人的生存发展需要，运用技术、政策将社会经济原则与环境关系一体化行为结合起来，实现人与自然和谐共处的远大目标（毕宝德，2004；陈茵茵，2008）。因此，针对区域资源环境禀赋与土地利用特征，因地制宜地建立一套合理的土地利用可持续性评价指标体系，开展区域土地利用可持续性评价，揭示存在的问题，确定其未来发展的方向，为区域土地可持续利用与管理提供决策服务，具有重要的理论意义和实践意义。

自 1990 年新德里举办的首届土地持续利用系统研讨会上正式确认土地可持续利用思想以来（FAO，1993a，1993b），土地可持续利用作为新的追求目标已逐渐被世界各国所关注，成为土地管理评价的热点研究领域。国外一些学者从土地利用可持续性角度提出土地质量指标体系，分别对可持续土地利用评价的指标开展实验研究（Pieri，1997）。随着 1994 年 3 月《中国 21 世纪议程——中国 21 世纪人口、环境与发展白皮书》（中国 21 世纪议程，1994）的颁布，国内学者也开展了土地利用可持续性评价的系列研究。不同的学者对土地可持续利用的理解不尽相同，采用的方法和强调的重点也各有偏重。傅伯杰认为，生态持续性是土

---

[①] 本章内容已发表在 CSSCI 期刊《资源科学》2015 年第 3 期。

地持续利用的基础，由此提出由生态、经济、社会和环境四大指标构建可持续土地利用评价指标体系（傅伯杰等，1997）。刘庆等选择代表土地利用经济效益化、土地利用集约化、土地利用环境生态化和土地利用社会和谐化的一系列指标，通过构建土地可持续利用综合评价指标体系，清晰刻画了长株潭地区土地可持续利用的空间格局（刘庆和陈利根，2013）。陈百明等认为必须制定区域性、土地利用系统性、典型区域（以县域为单位）三方面的指标体系，并对其阈值进行深入探讨，才能保证指标的科学性和系统性（陈百明和张凤荣，2001）。然而无论是国际还是国内，关于土地利用可持续性评价在理论、程序和方法上尚无公认的研究成果。

目前，国内外常利用 PSR（压力—状态—响应）模型开展生态安全评价（陈星和周成虎，2005）。PSR 模型可揭示土地利用中人地相互作用的链式关系，不仅反映当前土地利用的状态，而且评价导致状态发生的原因及为此人类对其采取的补救措施所引起的结果（高长波等，2006；高兴国，2013），非常适合用于区域土地利用的可持续性评价。

鄱阳湖生态经济区不仅是我国重要的商品粮油基地，还是重要的生态功能保护区，关注其土地资源的可持续利用意义重大。已经有研究从耕地集约利用与社会经济发展水平协调与否的视角探讨鄱阳湖生态经济区耕地资源可持续利用的问题（谢花林等，2012）。然而，值得注意的是，伴随着经济社会的快速发展，鄱阳湖生态经济区出现了人地矛盾突出、生态用地损失严重、水土不协调、农业面源污染等土地利用问题，土地资源的可持续利用面临诸多压力（彭柳林等，2014）。鉴于此，本章根据 PSR 概念模型，从土地自然生态环境与经济发展相协调的角度，科学甄选能够准确反映鄱阳湖生态经济区土地资源利用压力、状态和响应的典型指标，构建土地利用可持续性评价指标体系和综合评价模型，针对区内面临的主要土地利用问题——经济土地利用可持续性进行定量评价，以期为区域土地可持续利用管理提供决策依据。

# 第二节　数据来源和研究方法

## 一、数据来源

本章研究内容选取《江西省土地利用总体规划（2006~2020年）》实施的初始年（2006年）和中期年（2010年）进行对比分析。社会经济数据主要来源于《江西统计年鉴》（2007，2011）和《中国农村统计年鉴》（2007，2011），土地利用数据来源于江西省国土厅的土地变更调查数据（2007，2011）。

## 二、研究方法

### （一）评价指标体系的建立

根据经济合作与发展组织（OECD）和联合国环境规划署（UNEP）共同提出的 PSR 概念模型（Tong，2000），从土地自然生态环境与经济发展相协调的角度，构建了以土地利用可持续性综合指数为目标层，以"压力"、"状态"、"响应"为准则层，以 14 个可以反映鄱阳湖生态经济区实际情况的具体评价指标为指标层的土地利用可持续性评价指标体系（见图 8-1）。其中，压力指标反映物质的排放，以及资源和土地的使用状况，用以衡量由于土地资源的使用、土地条件改变而对土地造成的压力；状态指标描述可持续发展过程中的系统状态；响应指标则反映个人或组织的反馈，尤其是政府部门为补偿或改善土地环境变化而制定的政策、规划方案和措施。

14 个指标说明如下：

（1）人均建设用地即研究区建设用地总面积与总人口之比，用于衡量建设用地对区域土地资源造成的压力程度。建设用地的集约节约化是实现区域土地可持续利用的重要保障（蔡运龙等，2002）。计算公式如下：

$$人均建设用地 = 建设用地总面积 ÷ 总人口 \tag{8-1}$$

（2）耕地压力指数即最小人均耕地面积与实际人均耕地面积之比，反映出一定区域为保障食物安全所需的最小人均耕地面积与实际人均耕地面积的对比关

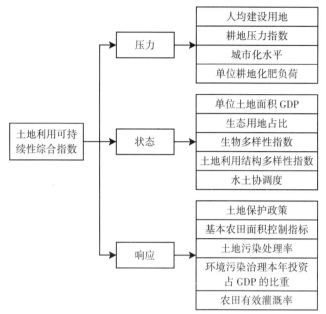

图 8-1 鄱阳湖生态经济区土地利用可持续性评价指标体系

系，可以衡量一个地区耕地资源的紧张程度（Xie 等，2014）。计算公式如下：

$$K = S_{min}/S_a \tag{8-2}$$

式中，K 为耕地压力指数；$S_{min}$ 为最小人均耕地面积；$S_a$ 为实际人均耕地面积。

本章在综合考虑研究区农业生产条件及生产力水平的基础上，参考蔡运龙等（2002）的测算结果，选取了最小人均耕地面积基准数 $S_{min} = 0.085$ 公顷/人。

（3）城市化水平属于正向指标，城市化水平越高，提供的非农就业机会越多，使得农村剩余劳动力可离开土地谋生，减轻人口对土地的压力（张凤荣，2011；张锐等，2013）。计算公式如下：

$$城市化水平 = （非农业人口 ÷ 总人口）× 100\% \tag{8-3}$$

（4）单位耕地化肥负荷是指单位面积耕地的化肥施用量，用于反映耕地利用对水土资源的污染程度（张锐等，2013）。计算公式如下：

$$单位耕地化肥负荷 = 化肥施用量 ÷ 耕地面积 \tag{8-4}$$

（5）单位土地面积 GDP 是指单位土地面积的经济产出水平，用于反映区域土地利用经济效率的高低（丰雷等，2010）。计算公式如下：

$$单位土地面积 GDP = 区域 GDP ÷ 土地总面积 \tag{8-5}$$

（6）生态用地是维持区域生态平衡，以发挥自然生态系统服务功能为主的土地利用类型，以自然生态保护为主要目的，与侧重支撑人类生产生活的建设用地和耕地相对应（Xie 等，2014）。生态用地占比是指生态用地占区域土地总面积的比重。计算公式为：

$$生态用地占比 = （生态用地面积 ÷ 区域土地总面积）× 100\% \tag{8-6}$$

（7）生物多样性指数反映研究区本地物种的生物多样性（生态系统、物种、遗传资源）受保护的程度，其值越高，土地利用的生态可持续性越好。计算公式为（国家环境保护总局，2006）：

$$\begin{aligned}生态多样性指数 = A_{bio} × （&0.35 × 林地 + 0.21 × 草地 + 0.28 × 水域湿地 + 0.11 × \\ &耕地 + 0.04 × 建设用地 + 0.01 × 未利用地）÷ 区域面积\end{aligned}$$

$$\tag{8-7}$$

式中，$A_{bio}$ 为生物丰度指数的归一化系数；$A_{bio} = 100/A$，A 为各市（区、县）生物丰度的最大值，单一地区则取值为 1。

（8）土地利用结构多样性指数属于正向指标，其值越高，土地生态经济系统越稳定、越安全（许艳和濮励杰，2014）。计算公式为：

$$P = -\sum_{i=1}^{n} P_i \ln(P_i) \tag{8-8}$$

式中，P 为土地利用结构多样性指数；$P_i$ 为第 i 种二级地类土地利用类型的面积；n 为土地利用类型数量。

（9）水和土作为两大基本生产要素，其地域组合状况在很大程度上决定着区域土地生产潜力的发挥。水土协调度指标是区域水资源与土地资源的协调状况（马红莉和盖艾鸿，2013）。计算公式为：

$$\begin{aligned}水土协调度 = （&本区水资源量 ÷ 全区水资源量）÷ （本区耕地规模 ÷ 全区 \\ &耕地规模）\end{aligned} \tag{8-9}$$

（10）土地保护政策指标反映国家和地区对土地保护程度，为可持续性正向指标，其分值依据土地保护政策的制定及其在地方的实施程度而定（翟文侠和黄贤金，2003）。运用德尔菲法，1996 年耕地保护状态分值界定为 5；1997~1998 年调整幅度较大，上调为 7；1999 年后相对较为稳定，调整幅度相对较小，呈 0.5 涨势上调，至 2010 年定义为 9.5；保护政策实施最优化状态则为 12。

（11）基本农田面积控制指标是指基本农田保护面积占耕地总面积的比例，

用于反映区域对于基本农田的保护程度。计算公式为：

基本农田面积控制指标 =（基本农田保护面积÷耕地面积）× 100%　　（8-10）

（12）土地污染处理率反映对于危害土地的污染物所进行的处理程度，其处理率越高，越有利于土地的可持续利用。

（13）环境污染治理本年投资占 GDP 的比重是指政府为治理环境污染所花费的财力占本年 GDP 的比重大小，用于反映政府对环境污染治理的重视程度和区域环境改善程度。根据国际经验，当治理环境污染的投资占 GDP 的比重达到 1.0%~1.5%时，可以控制环境恶化的趋势；当达到 2.0%~3.0%时，环境质量可有所改善（马国强，2006）。计算公式如下：

环境污染治理本年投资占 GDP 的比重 =（环境污染治理本年投资额÷GDP）×
100%　　（8-11）

（14）农田有效灌溉率是指一般年景下当年能够进行正常灌溉的耕地面积占耕地总面积的比率，用于反映区域农田水利设施的完备程度（冯颖，2012）。计算公式如下：

农田有效灌溉率 =（农田有效灌溉面积÷耕地面积）× 100%　　（8-12）

**（二）指标标准值的确定**

进行土地利用可持续水平测度，实际值需要与其标准值进行比较后才能规格化或标准化。各指标标准值的确定，或参照国际公认值和世界平均值，或征询领域专家意见，或采用研究时间段内鄱阳湖生态经济区的指标平均值。各指标标准值及其确定依据详见表 8-1。

表 8-1　鄱阳湖生态经济区土地利用可持续性评价指标体系

| 目标层 | 准则层 | 权重 | 指标层 | 权重 | 方向性 | 标准值 | 确定依据 |
|---|---|---|---|---|---|---|---|
| 土地利用可持续性综合指数 | 压力 | 0.25 | 人均建设用地 | 0.0459 | 逆 | 110 平方米/人 | 国家第Ⅲ级标准 |
| | | | 耕地压力指数 | 0.1267 | 逆 | 1 | 蔡运龙等（2002） |
| | | | 城市化水平 | 0.0342 | 正 | 60% | 世界平均值 |
| | | | 单位耕地化肥负荷 | 0.0431 | 逆 | 400 千克/公顷 | 全国平均值 |
| | 状态 | 0.50 | 单位土地面积 GDP | 0.0641 | 正 | 2 万元/公顷 | 江西省平均值 |
| | | | 生态用地占比 | 0.1048 | 正 | 65% | 国家标准 |
| | | | 生物多样性指数 | 0.0371 | 正 | 80% | 国家标准 |
| | | | 土地结构多样性指数 | 0.0950 | 正 | 1.5 | 研究区平均指数 |

| 目标层 | 准则层 | 权重 | 指标层 | 权重 | 方向性 | 标准值 | 确定依据 |
|--------|--------|------|--------|------|--------|--------|----------|
| 土地利用可持续性综合指数 | 状态 | 0.50 | 水土协调度 | 0.1990 | 正 | 80% | 研究区平均值 |
| | 响应 | 0.25 | 土地保护政策 | 0.0865 | 正 | 12 | 最优状态 |
| | | | 基本农田面积控制指标 | 0.0865 | 正 | 85% | 江西省平均值 |
| | | | 土地污染处理率 | 0.0200 | 正 | 100% | 最优状态 |
| | | | 环境污染治理本年投资占 GDP 的比重 | 0.0190 | 正 | 2.5% | 国际经验值 |
| | | | 农田有效灌溉率 | 0.0380 | 正 | 40% | 国家平均值 |

### （三）指标权重的确定

本章结合鄱阳湖生态经济区实际情况，采用层次分析法（AHP）求取指标权重（见表 8-1）。该方法为多目标、多准则或无结构特性的复杂决策问题提供简便的决策方法，能有效结合定性和定量分析问题，在土地的相关研究领域得到了广泛应用（陈菁等，2011；谢花林，2009）。

### （四）综合量度模型构建

土地利用可持续性评价指标范围广泛，复杂多样，既有正向性指标，又有负向性指标，既有定量指标，又有定性指标。为了使各种不同含义、不具可比性的指标统一起来，需要将各类指标无量纲化，本章采用以下指标无量纲化模型计算各评价指标的可持续性指数（谢花林，2009）。

（1）规范化。

正向指标：

$$p(x_i) = \begin{cases} 1, & x_i \geq y_i \\ x_i/y_i, & x_i < y_i \end{cases} \quad i = 1, 2, \cdots, m \tag{8-13}$$

逆向指标：

$$p(x_i) = \begin{cases} 1, & x_i \leq y_i \\ y_i/x_i, & y_i < x_i \end{cases} \quad i = 1, 2, \cdots, m \tag{8-14}$$

式中，$x_i$ 为第 $i$ 个指标的实际值；$y_i$ 为评价指标的标准值；$p(x_i)$ 为该评价指标的可持续性指数。

（2）综合评价。

加权求和的综合评价指数公式为：

$$E = \sum_{i=1}^{m} w_i p(x_i) \qquad (8-15)$$

式中，E 为可持续性综合评价指数；$w_i$ 为各因子对应的权重；$p(x_i)$ 为该评价指标的可持续性指数。

本章参考已有研究（陈百明和张凤荣，2001；蔡运龙和李军，2003；谢花林和李秀彬，2011），综合多数原则、中数原则以及均数原则，确定了鄱阳湖生态经济区土地利用可持续性等级划分标准，将其划分为不可持续利用阶段、可持续利用起步阶段、基本可持续利用阶段和可持续利用阶段 4 个等级，如表 8-2 所示。

表 8-2    鄱阳湖生态经济区土地利用可持续性等级划分标准

| 等级 | 评价分值 | 含义 | 阶段 |
|---|---|---|---|
| I | 0~0.60 | 不可持续性 | 不可持续利用阶段 |
| II | 0.61~0.70 | 临界可持续性 | 可持续利用起步阶段 |
| III | 0.71~0.80 | 可持续性较好 | 基本可持续利用阶段 |
| IV | 0.81~1.00 | 可持续性很好 | 可持续利用阶段 |

# 第三节    结果与分析

## 一、总体评价

根据上述已建立的土地利用可持续性评价指标体系，利用综合评价方法，对鄱阳湖生态经济区进行了土地利用可持续性的单因子和综合评价，得出鄱阳湖生态经济区总体评价结果，如图 8-2 所示。

从图 8-2 可以看出，土地利用可持续性综合指数由 2006 年的 0.6935 增长至 2010 年的 0.7429，增长幅度为 8%，土地利用可持续性评价等级由 2006 年的"临界可持续性"（II）提升至 2010 年的"可持续性较好"（III）。其主要原因具体分析如下：

土地压力方面，压力指标自 2006 年的 0.6991 增长至 2010 年的 0.7376，增

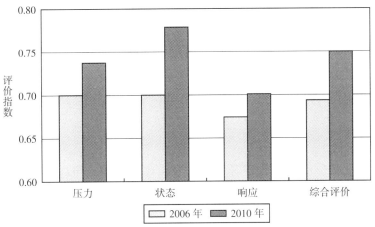

图 8-2　鄱阳湖生态经济区土地利用可持续性评价结果

长幅度为 5.5%，土地压力的可持续性评价等级由 2006 年的"临界可持续性"
（Ⅱ）提升至 2010 年的"可持续性较好"（Ⅲ）。研究区土地利用压力状况趋好主
要有两方面的原因：一是由于近年来国家越来越重视粮食安全问题，实行最严格
的耕地保护制度，在这样的大背景下，研究时段内鄱阳湖生态经济区的实际人均
耕地面积有所增多，耕地压力指数从 1.26 降低至 1.19，耕地压力有所缓解；二
是由于化肥施用量的减少，鄱阳湖生态经济区单位耕地化肥负荷指数从 2006 年
的 514 千克/公顷降低至 2010 年的 475 千克/公顷，耕地污染负荷有所减轻。然
而，研究区单位耕地化肥负荷量依旧高于标准值，不利于土地可持续利用，应加
强农业化肥的管控力度。

　　土地状态方面，状态指标自 2006 年的 0.7004 增长至 2010 年的 0.7790，增
长幅度为 11.3%。其中，生物多样性和水土协调度是影响土地状态的关键。鄱阳
湖生态经济区实行退田还湖等湿地保护政策，建立了生态观测点，对鄱阳湖及其
周围湿地进行动态定位监测，这些举措促进了区域生态环境状况的改善，致使研
究时段内鄱阳湖生态经济区的生物多样性状况趋好，生物多样性指数由 0.85 上
升至 0.90；水土协调能力得到了一定程度的改善，但水域协调度至 2010 年仍然
只有 58%，与其标准值 80% 相差较远，说明鄱阳湖生态经济区依旧存在水土不协
调的问题，还需在保证粮食安全的前提下适当退田还湖。

　　土地响应方面，响应指标自 2006 年的 0.6742 增长至 2010 年的 0.7012，土
地利用可持续性评价等级由 2006 年的可持续利用起步阶段（Ⅱ）提升至 2010 年

的基本可持续利用阶段（Ⅲ）。这主要是因为土地保护政策、土地污染处理率、环境污染治理本年投资占 GDP 的比重等指标都呈增长的趋势，说明自 2008 年江西省委、省政府提出建设"鄱阳湖生态经济区"战略构想以来，土地保护问题受到了政府及社会各界的广泛关注，通过制定各项相关政策、加强土地污染治理、加大环境治理投入，有效地促进了土地利用可持续水平的提高。

## 二、区域差异分析

根据上述建立的土地利用可持续性指标体系，利用综合评价方法以及 ArcGIS10.2 软件，对鄱阳湖生态经济区 31 个县（市）进行了土地利用可持续性的评价，如图 8-3 和图 8-4 所示。

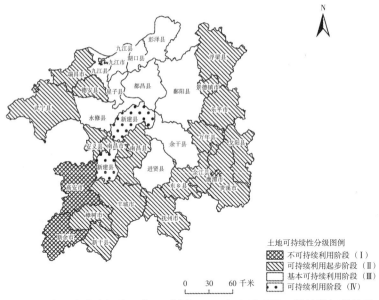

图 8-3　鄱阳湖生态经济区各县（市）2006 年土地利用可持续性评价结果

根据表 8-2 及图 8-3 可知，2006 年鄱阳湖生态经济区中只有新建县处于土地可持续利用阶段（Ⅳ），这主要是因为该县土地生态系统结构完整，社会经济发展水平高，基本达到自然社会经济协调发展的理想状态。九江市区、九江县、星子县、都昌县、湖口县、彭泽县、鄱阳县、永修县、进贤县、余干县 10 地处于基本可持续利用阶段（Ⅲ），土地可持续性较好。新余市、高安市、鹰潭市 3

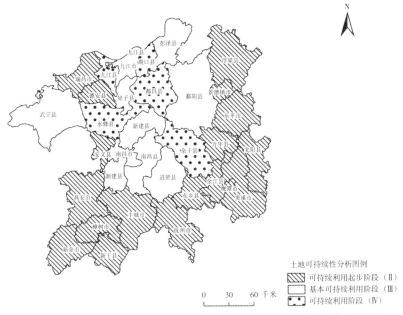

**图 8-4　鄱阳湖生态经济区各县（市）2010 年土地利用可持续性评价结果**

地处于不可持续性阶段（Ⅰ），其中，新余市、高安市超低的水土协调度（4.4%、3.1%）和鹰潭市超高的耕地压力指数（4.00）是导致这些地区土地可持续性水平低的关键因素。南昌等其他县（市）处于土地利用可持续起步阶段（Ⅱ），还有很大的上升空间。

　　根据表 8-2 及图 8-3、图 8-4 可知，2010 年鄱阳湖生态经济区中九江县、都昌县、湖口县、永修县、余干县 5 地土地利用可持续性等级由 2006 年的基本可持续利用阶段（Ⅲ）上升至土地可持续利用阶段（Ⅳ），南昌市区、南昌县、武宁县土地利用可持续等级由 2006 年的可持续起步阶段（Ⅱ）上升至基本可持续利用阶段（Ⅲ），新余市、高安市、鹰潭市土地利用可持续性也上升了一个等级，完全消除了土地利用的不可持续性阶段。究其原因，南昌市区主要是由于单位土地面积 GDP 有了大幅度的提升，由 2006 年的 159 万元/公顷提升至 243 万元/公顷；新余市主要是由于城市化水平有了很大幅度的提高，由 2006 年的 39.3%上升至 64.2%；高安市则主要是因为环境污染治理本年投资占 GDP 的比重有了大幅度的上升，从 2006 年的 0.16%上升至 1.05%；而鹰潭市则主要是由于单位耕地化肥负荷量下降，由 2006 年的 641 千克/公顷下降至 239 千克/公顷。由此说明，单位土地面积 GDP、环境污染治理本年投资占 GDP 的比重和单位耕地化肥负荷量是影响鄱阳湖生态经济区土地可持续利用水平的重要因素。值得注意的是，31个县（市）中只有新建县从土地可持续利用阶段（Ⅳ）下降至土地基本可持续利用阶段（Ⅲ）。人均建设用地的增加和生态用地占比的减少是主要原因，新建县人均建设用地从2006年的277平方米/人增长至2010年的340平方米/人，生态用地占比由59%下降至49%。

此外，可以清楚地看到，鄱阳湖周边地区的土地利用可持续性水平相对较高，这是由于鄱阳湖生态经济区建设所带来的经济水平的提高以及退耕还湖等因素的影响促进了还湖地区土地的可持续利用水平。然而，此类地区的土地生态系统依旧脆弱，不可盲目追求经济的快速发展，而应继续实行最严格的耕地保护政策，限制建设用地扩张挤占耕地和生态用地，加大环保力度，避免土地可持续利用等级的反弹下降。

# 第四节 结论与讨论

本章根据土地利用可持续性原理和研究区的土地现状特点，从压力—状态—响应三个方面选取耕地压力指数、单位耕地化肥负荷、生物多样性指数、有效灌溉率等14个指标，构建了鄱阳湖生态经济区土地利用可持续性评价指标体系和综合评价模型，研究了2006~2010年鄱阳湖生态经济区土地可持续利用水平，并进一步分析了区内土地可持续利用水平的空间差异。

（1）综合评价结果表明，鄱阳湖生态经济区土地利用可持续性评价等级由2006年的可持续起步阶段（Ⅱ）提升至2010年的基本可持续利用阶段（Ⅲ）。评价结果基本上反映了当地土地利用可持续性的变化状况，说明构建的评价指标体系和建立的综合评价模型是可行的。当然，限于数据的可获取性，本章评价指标的选取还不够完善，例如土地污染负荷仅考虑了耕地化肥负荷，农药、塑料薄膜等其他农业污染、工业污染及生活污染负荷等并未包含在内。此外，本章评价指标体系的构建专门针对鄱阳湖生态经济区资源环境禀赋和社会经济发展状况，应用于其他地区时应注意因地制宜地进行适当增减。

（2）从空间差异方面看，2010年与2006年相比，除新建县从土地可持续利用阶段（Ⅳ）下降至基本可持续利用阶段（Ⅲ）外，其他县（市）土地利用可持续水平均得到较大提升。其中，九江县、都昌县、湖口县、永修县、余干县土地利用可持续性等级从基本可持续利用阶段（Ⅲ）上升至可持续利用阶段（Ⅳ），处于可持续利用阶段的县（市）由 1 个增加至 5 个；南昌市区、南昌县、武宁县土地利用可持续等级从可持续利用起步阶段（Ⅱ）上升至基本可持续利用阶段（Ⅲ）。

（3）鄱阳湖生态经济区土地可持续利用水平受耕地压力、单位耕地化肥负荷、水土协调状况等多种因素的共同影响。在未来不可盲目追求经济的快速发展，而应继续实行最严格的耕地保护政策，限制建设用地扩张挤占耕地和生态用地，加大环保力度，避免土地可持续利用等级的反弹下降。

# 第九章　研究结论和展望

　　根据本书第四章、第五章、第六章、第七章和第八章的研究结果和分析，总结出近年来江西省土地利用变化及其生态安全状况，在此基础上提出实现区域土地利用生态安全的政策建议。

## 第一节　研究结论

### 一、江西省景观格局时空动态变化研究结论

　　1990~2010 年，耕地面积减少的总量最多，从耕地转出的方向看，建设用地和林地是耕地转出最主要的两种类型。从耕地转出变化率来看，1990~2010 年平均耕地转出速率要高于 1990~2000 年的平均转出速率。与耕地面积持续减少的态势不同，在研究期内林地呈逐渐增长的趋势，面积由 1990 年的 103685.43 平方千米增长到 2010 年的 104037.32 平方千米。尽管林地面积总量是增长的，但是其转出量也不少，转出的主要原因是耕地和建设用地的扩张，而转入主要是由于"退耕还林""山江湖"等工程的实施。建设用地扩张是 1990~2010 年江西省发展的主旋律，建设用地总面积由 1990 年的 2610.78 平方千米增长到 2010 年的 3409.41 平方千米，20 年的时间，建设用地总量增长了近 1/3，其中耕地是被转入的最主要的土地利用类型。

　　从景观格局看，江西省的景观空间格局的斑块数量和斑块密度增长较快，集聚度下降，分裂度上升。分形维数的提高，说明景观空间目前破碎化程度严重，人类对土地的干扰程度加强，且没有形成良好的规模化和集约化经营，不利于农

耕技术的提高和资本密集型土地利用方式的形成，而且分散程度严重，斑块之间的信息、物质以及能量的传输强度逐渐减小。从江西省的斑块指数可以看出，其耕地以及林地的破碎化程度在逐年增加，耕地的分散程度也较为严重，而建设用地的集聚程度则有所上升。

## 二、林地利用变化的驱动机制及森林破碎化研究结论

根据土地利用转移矩阵和景观格局指数，我们可以得到区域整体上各土地利用类型面积和景观格局的变化，而无法知晓驱动其变化的主要影响因素以及景观格局明确的空间含义。以林地为例，通过第五章的研究分析，我们解决了这一困惑，并得到以下结论：

与第四章的研究结果一致，1990~2010 年，林地总面积增长了 4 万多公顷，从林地转变的方向看，在研究期内，林地主要转为了耕地，其次是草地和建设用地。同时又有其他类型的土地转为林地，耕地转为林地和草地转为林地最为常见。而在林地转出的模型中，坡向、土壤有机质含量和距农村居民点距离是最重要的影响变量。在林地转入的模型中，坡向、土壤有机质和坡度是最重要的影响变量。

在森林破碎化分析模型中，整体而言，江西省的森林破碎化情况较为严重，因为 1990 年、2010 年的内部森林比例都小于 40%，而斑块森林和孔洞森林的比例都较高。从时间上对比，2010 年森林破碎化状况要优于 1990 年，因为其内部森林的比例要高于 1990 年，而斑块森林和孔洞森林的比例要低于 1990 年。从森林干扰状况来看，人类干扰是主要干扰类型。人类干扰主要发生在森林与水域交界的缓冲区内，在鄱阳湖平原的经济发达地区最为明显，而自然干扰主要发生在江西省域的中南部，这些地方是典型的山区。从时间上对比，1990 年的人类活动干扰和自然干扰都要明显高于 2010 年。

无论从林地的变化数量，还是林地的破碎化状况都可以看出，1990~2010年，林地的整体状况呈现好转态势，林地保护政策已初见成效。但从 Logistic 模型结果可以看出，政策实施的实际过程存在与政策目标的差异，退耕还林工程要求对坡度在 25°及以上的坡耕地实行退耕还林，但模型的结果显示坡度在 0~5°的耕地更容易被转为林地。正是由于土地利用的过程中，人们往往带有偏好性，导致处于某一类别的土地更容易发生转换，从而使原本完整的景观出现边缘化、孔

洞化、细碎化。

## 三、鄱阳湖生态经济区土地利用生态安全预警机制研究结论

### （一）关键性生态空间的识别

本研究将鄱阳湖生态经济区生态保护红线区划分为底线型生态空间、危机型生态空间和缓冲型生态空间。通过叠加分析，结果表明鄱阳湖生态经济区关键性生态空间面积为 27751.25 平方千米，大约占研究区总面积的一半，其中底线型生态空间占比最大，达到 32.43%，大约占全区面积的 1/3。缓冲型生态空间次之，为 11.73%。辨识结果较好地反映了维护区域自然生态环境和人类活动范围的空间分布特征，也验证了提出构建区域关键性生态空间辨识方法的可行性。在关键性生态空间内，耕地和建设用地面积分别为 8539.5 平方千米和 860.38 平方千米，分别占关键性生态空间总面积的 30.77% 和 3.1%。

（1）针对底线型生态空间，可制定相关政策法规，以法律法规的形式将底线型红线区域纳入城市发展、经济发展、城乡建设用地扩张和耕地开垦的禁止开发区域。同时，在生态保护的核心区域（如鄱阳湖湖体核心区、区域各流域支流沿岸地带、高山森林区域、水源保护区等）严格禁止任何城镇开发建设活动，切实加强对区域生态环境保护的宣传教育力度，推动公众自觉参与到生态环境保护中，采取生态保育和生态调控措施，实施退耕还林还湖还草、封山育林以及加大对水源保护区的保护力度，重点区域实施生态移民，从而缓解当地生态环境的压力。

（2）针对危机型生态空间，在实现上述调控措施的基础上，要实施区域土地利用生态补偿政策，界定好补偿的对象、补偿标准和方式等，对合理利用土地资源和保护生态环境的对象从经济利益等方面进行合理补偿，构建土地利用生态补偿的常态化机制。同时，要创新土地利用生态补偿机制，可通过税收等财税手段加大对区域生态环境产生不良影响的经济活动主体征税力度，通过税收杠杆把区域生态安全导向健康道路。

（3）针对缓冲型生态空间，在实现上述调控措施的基础上，要加强生态安全的动态监测，合理调控区域土地利用，确定好自然生态用地、农业用地以及城市建设用地等控制指标，保证自然生态用地、农业用地和城市建设用地三者动态平衡，不断优化生态安全格局。同时，环境保护各主管部门要相互协调，及时发现

生态环境破坏行为，及时处理，把对生态环境构成威胁的行为的影响降到最低。

在对土地利用生态安全冲突分析中可知，有部分现状耕地和建设用地处于关键性生态空间内，这两类土地是人类干扰强度最大的土地类型，一旦人类干扰强度超过了其生态承受能力，则会影响生态系统功能的正常运行，从而威胁局部地区甚至全区的生态安全。随着我国经济的发展和城镇化水平的提速，人类活动范围的扩大和活动强度的增强，都将会对区域自然生态环境以及维护区域生态安全产生更大的干扰。因此，通过关键性生态空间的辨识，可以提前预警农业、城镇发展与关键性生态用地发生冲突的空间位置，为区域合理而又科学地规划土地利用提供依据。

**（二）土地利用生态安全预警研究**

从预警结果看，大约35%的新增建设用地和80%的补充耕地处于有警情的状态，这对区域的生态安全极其不利。从警情空间分布情况看，建设用地扩张主要造成原城镇周边的生态安全预警，且存在的警情级别较高，而补充耕地则造成全域生态安全预警，其警情级别相对较低，但分布广泛。也就是说，按照目前的发展模式（建设用地扩张，耕地占补平衡），区域未来的土地利用会对其生态安全造成很大的威胁，建设用地扩张主要造成原城镇范围周边的重大警情，耕地补充则主要造成全域范围的中轻警情。

（1）城镇建设用地的扩张模式应改变为内部挖潜的方式，虽然从预警结果看，建设用地扩张带来的土地利用生态安全警情严重情况不突出，但往往出现警情集聚现象，一旦真的发生，则会造成"1+1>2"的严重威胁态势。而城镇又是人口集聚的地区，当危险发生时，必然会造成人员、财产的重大损失。从已有的案例看，近年来，南昌市市内洪涝灾害多发，除造成人们出行不便外，更带来了严重的经济损失。此外，建设用地往往是通过侵占耕地而扩张的，但按照目前的土地管理法和保障粮食安全的社会要求，被建设占用的耕地要进行相应的补充，补充耕地会带来新一波土地利用的变化，而区域可利用的耕地后备资源少，补充的耕地则主要由开发现有林地来完成。

（2）补充耕地这一环节容易造成全域范围内的土地利用生态安全警情，虽然造成的生态安全危险程度不高，但范围广，长时期的积累容易造成区域生态安全"坍塌式"的崩溃，因此，就耕地补充这一环节，可以考虑恢复撂荒地的耕种，减少开垦新耕地的范围，加大土地整治力度，挖掘耕地内部的生产潜力。

（3）本研究所构建的土地利用生态安全预警机制是根据区域面临的最主要生态威胁（土壤流失、生物多样性、水资源安全等）辨识出关键性生态空间，同时模拟区域自然发展情景下的土地利用变化格局，在两者叠加的基础上建立区域土地利用生态安全的预警机制，具有比较高的科学性和实用性，建议区域规划部门在进行土地利用规划时可参照此模型，防患于未然，从而形成土地利用生态安全的长效机制。

## 四、鄱阳湖生态经济区土地利用可持续性水平测度研究结论

根据土地利用可持续性原理和研究区的土地现状特点，从压力—状态—响应三个方面选取耕地压力指数、单位耕地化肥负荷、生物多样性指数、有效灌溉率等 14 个指标，构建了鄱阳湖生态经济区土地利用可持续性评价指标体系和综合评价模型，开展了 2006~2010 年鄱阳湖生态经济区土地可持续利用水平测度研究，并进一步分析了区内土地可持续利用水平的空间差异。

（1）综合评价结果表明，鄱阳湖生态经济区土地利用可持续性评价等级由 2006 年的可持续起步阶段（Ⅱ）提升至 2010 年的基本可持续利用阶段（Ⅲ）。评价结果基本上反映了当地土地利用可持续性的变化状况，说明构建的评价指标体系和建立的综合评价模型是可行的。当然，限于数据的可获取性，本书评价指标的选取还不够完善，例如土地污染负荷仅考虑了耕地化肥负荷，农药、塑料薄膜等其他农业污染、工业污染及生活污染负荷等并未包含在内。此外，本书评价指标体系的构建专门针对鄱阳湖生态经济区资源环境禀赋和社会经济发展状况，应用于其他地区时应注意因地制宜地进行适当增减。

（2）从空间差异方面看，2010 年与 2006 年相比，除新建县从土地可持续利用阶段（Ⅳ）下降至基本可持续利用阶段（Ⅲ）外，其他县（市）土地利用可持续水平均得到较大提升。其中，九江县、都昌县、湖口县、永修县、余干县土地利用可持续性等级从基本可持续利用阶段（Ⅲ）上升至可持续利用阶段（Ⅳ），处于可持续利用阶段的县（市）由 1 个增加至 5 个；南昌市区、南昌县、武宁县土地利用可持续等级从可持续利用起步阶段（Ⅱ）上升至基本可持续利用阶段（Ⅲ）。

（3）鄱阳湖生态经济区土地可持续利用水平受耕地压力、单位耕地化肥负荷、水土协调状况等多种因素的共同影响。在未来不可盲目追求经济的快速发展，而应继续实行最严格的耕地保护政策，限制建设用地扩张挤占耕地和生态用

地，加大环保力度，避免土地可持续利用等级的反弹下降。

# 第二节　研究展望

## 一、面向生态安全格局设计的生态安全评价方法与模型研究

近年来提出了土地利用系统的生态安全评价指标体系构建问题，但相应的以此为基础的生态安全评价的土地利用安全格局设计并不多见。应根据土地利用和生态安全的关系，在像元水平上选取体现空间特征的评定指标，量化生态安全指标标准，建立面向生态安全格局设计的土地利用生态安全评价方法和模型，为土地生态安全格局构建提供服务。

## 二、不同类型生态脆弱地区的土地生态安全格局研究

根据黄土高原区、南方红壤丘陵区、西北干旱区、沙区和喀斯特地区等不同类型生态脆弱地区的特点，对区域生态安全问题进行诊断和分析，找出区域生态安全所面临的关键问题和影响因素，探求维护区域生态安全的关键性要素和过程，进行不同类型生态脆弱地区的土地生态安全格局研究。

## 三、土地生态安全格局的空间显式模型研究

土地利用安全格局的设计方法经历了由定性分析评估到定量计算、由静态设计到动态模拟、由固定条件下的鼓励寻优到可变条件下的趋势分析、由数量配置为主导预测空间变化的过程，定量、可变、动态的空间模拟将是土地利用安全格局设计研究的主要方式。通过模拟格局演化可验证生态安全方案的效果和可实现性。基于元胞自动机的空间直观模型不关心景观尺度上定量化的规律，而是直接在较低的一个尺度上，从景观组成单元入手，模拟它们的状态和局部相互作用，即能在总体上表现出格局的演变过程。因此，基于元胞自动机和多主体模型进行土地生态安全格局的构建，将是未来发展的主流方向。

## 四、区域土地生态安全格局情景模拟研究

区域土地安全格局不仅要注重生态环境的保护，在一定程度上还要特别关注区域的经济和社会可持续发展。不同阶段和不同历史时期由于受到多种因素的制约，区域土地安全格局也并不是一成不变的。因此，在考虑区域耕地保护、退耕还林还草、经济发展和人口政策等不同政策情景下，如何建立一定的模拟模型，模拟区域土地生态安全格局，并利用基于随机过程的蒙特卡洛方法模拟监测结果的可信度，将是未来区域土地生态安全格局研究的主要内容。

# 参考文献

［1］Artti, J. Old-growth boreal forests: Worth protecting for biodiversity? ［J］. Journal of Forest Economics, 2008（14）: 242-267.

［2］Brouwer, R., van, Ek. R. Integrated ecological, economic and social impact assessment of alternative floodcontrol policies in the Netherlands ［J］. Ecological Economics, 2004（50）: 1-21.

［3］Bulte, E. H., Horan, R. D. Habitat conservation, wildlife extraction and agricultural expansion ［J］. Journal of Environmental Economics and Management, 2003（45）: 109-127.

［4］Chen, Y. H., Li, X. B., Su, W., et al. Simulating the optimal land-use pattern in the farming-pastoral transitional zone of Northern China ［J］. Computers, Environment and Urban Systems, 2008, doi: 10.1016/j.compenvurbsys, 2008（1）: 1.

［5］Cordeiro, N.J., Borghesio, L., Joho, M.P., Monoski, T.J., Mkongewa, V.J., Dampf. C.J. Forest fragmentation in an African biodiversity hotspot impacts mixed-species bird flocks ［J］. Biological Conservation, 2015（188）: 61-71.

［6］Deng, X.Z., Huang, J., Uchida, E., Rozelle, S., Gibson, J. Pressure cookers or pressure valves: Do roads lead to deforestation in China? ［J］. Journal of Environmental Economics and Management, 2011（61）: 79-94.

［7］Eichner, T., Pethig, R. Economic land use, ecosystem services and microfounded species dynamics ［J］. Journal of Environmental Economics and Management, 2006（52）: 707-720.

［8］Elgar, M., Clode, D. Inbreeding and extinctions in island populations: A cautionary tale ［J］. Conservation Biology, 2001（15）: 284-286.

［9］FAO. FESLM: An international framework evaluating sustainable and management [R]. World Soil Resources Report, 1993 (73): 82-94.

[10] FAO. Guideline for Land Use Planning [J]. FAO Development Series 1, 1993 (1): 7-14.

[11] Forman RTT. Some general principles of landscape and regional ecology [J]. Landscape Ecology, 1995 (10): 133-142.

[12] Fuller, D. Forest fragmentation in Loudoun County, Virginia, USA evaluated with multi-temporal Landsat imagery [J]. Landscape Ecology, 2001 (16): 627-642.

[13] García-Guzmán, G., Trejo, I., Sánchez-Coronado, M.E. Foliar diseases in a seasonal tropical dry forest: Impacts of habitat fragmentation [J]. Forest Ecology and Management, 2016 (369): 126-134.

[14] Gren, I., Baxter, P., Mikusinski, G., Possingham, H. Cost-effective biodiversity restoration with uncertain growth in forest habitat quality [J]. Journal of Forest Economics, 2014 (20): 77-92.

[15] Haddock, J., Tzanopoulos, J., Mitchley, J., Fraser, R. A method for evaluating alternative landscape management scenarios in relation to the biodiversity conservation of habitats [J]. Ecological Economics, 2007 (61): 277-283.

[16] Hayes, E. H., Landis, W. G., Regionalrisk assessment of a nearshore marine environment: Cherry Point, WA[J]. Humanand Ecological Risk Assessment, 2002 (10): 299-325.

[17] He, Y.F., Xie, H.L., Fan, Y.H., Wang, W., Xie, X. Forested land use efficiency in China: spatiotemporal patterns and influencing factors from 1999 to 2010 [J]. Sustainability, 2016, 8 (8): 772.

[18] Hernandez, M., Gómez, T., Molina, J., León, M.A., Caballero, R. Efficiency in forest management: A multiobjective harvest scheduling model [J]. Journal of Forest Economics, 2014 (20): 236-251.

[19] Herrmarm, S., Dabbert, S., Raumer, H. S. Threshold value for nature protection areas as indicators for bio-diversity: A regional evaluation of economic and ecological consequences [J]. Agriculture, Ecosystems and Environment, 2003, 98 (1-3): 493-506.

[20] Herrmann, S., Osinski, E. Planning sustainable land use in rural areas at different spatial using GIS and modeling tools [J]. Landscape and Urban Planning, 1999 (46): 93-101.

[21] Hosmer, D.W., Lemeshow, S.Applied Regression Analysis [Z]. New York, 1989.

[22] Huang Q., Wang R. H., Ren Z. Y., et al. Regional ecological security assessment based on long periods of ecological footprint analysis [J]. Resources, Conservation and Recycling, 2007, 51 (1): 24-41.

[23] Keken, Z., Kusta, T., Langer, P., Skalos, J. Landscape structural changes between 1950 and 2012 and their role in wildlife-vehicle collisions in the Czech Republic [J]. Land Use Policy, 2016 (59): 543-556.

[24] Kim, L. Ecological Problems of Russia and Border Territories [M]. 2000.

[25] Kikuchi, S., Shibata, M., Tanaka, H. Effects of forest fragmentation on the mating system of a cool-temperate heterodichogamous tree Acer mono [J]. Global Ecology and Conservation, 2015 (3): 789-801.

[26] Klein, C. J., Wilson, K. A., Watts, M., et al. Spatial conservation prioritization inclusive of wilderness quality: Acase study of Australia's biodiversity[J]. Biological Conservation, 2009 (142): 1282-1290.

[27] Landis, W. G., Weigers, J. A. Design considerational a suggested approach for regional and comparative ecological risk assessment [J]. Human and Ecological Risk Assessment, 1997, 1 (3): 287-297.

[28] Lambin, E. F., Geist, H. J. Globalland-useandland-coverchange: What have we learned so far? [J]. Economic Nature and Policy, 2001 (46): 27-30.

[29] Lambin, E. F., Turner, B. L., Geist, H. J., et al. The cause of land use and land cover change: Moving beyond the myths [J]. Global Environment Change, 2001, 11 (4): 261-269.

[30] Lambin, E.F., Geist, H. J. Land-use and Land-Cover Change: Local Processes and Global Impacts [J]. Springer Verlag, Berlin, 2006 (1): 7-14.

[31] Lenz, R. J. M., Stery. R., Landscape diversity and land use planning: A case study in Bavaria [J]. Landscape and Urban Planning, 1995 (31): 387-398.

［32］ Li, H., Franklin, J., Swanson, F., Spies, T. Developing alternative forest cutting patterns: A simulation approach ［J］. Landscape Ecology, 1993, 8 (1): 63–75.

［33］ Li, M.S., Mao, L., Zhou, C., Vogelmann, J.E., Zhu, Z. Comparing forest fragmentation and its drivers in China and the USA with Globcover v2.2 ［J］. Journal of Environment Management, 2010 (91): 2572–2580.

［34］ Ligtenberg, A., Bregt, A., Lammeren, R. Multi–actor based land use–modelling: Spatial planning using agents ［J］. Landscape and Urban lanning, 2001 (56): 21–33.

[35] Ligtenberg, A. Validation of an agent–based model for spatial planning: A role–playing approach ［Z］. Computer, Environment and Urban System, 2010 (34): 424–434.

[36] Lord, J., Noryon, D. Scale and the spatial concept of fragmentation ［J］. Conservation Biology, 1990, 4 (2): 197–202.

［37］ Makowski, D., Eligius, M. T., Hendrix et al. A framework to study nearly optimal sulutions of linear of programming models developed for agricultural land use exploration ［J］. Ecological Modeling, 2000 (131): 65–77.

［38］ Margules, C. R., Nicholls, A., Pressey, R. Selecting networks of reserves to maximise biological diversity ［J］. Biol. Conserv., 1988 (43): 63–76.

［39］ Mark, H. State of the art review of environment, security and development co–operation ［R］. Working Paper of Conducted on Behalf of the OECD DAC Working Party on Development and Environment, 2000, 43 (11): 29–35.

［40］ Mathey, A. H., Krcmar, E., Tait, D., et al.Forest planning using co-evolutionary cellular automata ［J］. For. Ecol. Manage., 2007 (239): 45–56.

［41］ Mathey, A. H., Krcmar, E., Vertinsky, I. B. Re–evaluating our approach to forest management planning: A complex journey ［J］. For. Chron., 2005 (81): 359–364.

［42］ Menard, S. Applied Logistic Regression Analysis ［M］. Sage: Thousand Oaks, CA, USA, 1995.

［43］ Moilanen, A., Arponen, A. Administrative regions in conservation: Balancing local priorities with regional toglobal preferences in spatial planning [J]. Biological Conservation, 2011 (144): 1719–1725.

[44] Newbold, T., Hudson, L.N., et al. Global effects of land use on local terrestrial biodiversity [J]. Nature, 2015 (520): 45–50.

[45] Norman Myers. Biodiversity paying its way [J]. Diversity and Distributions, 2004, 101 (24): 56–63.

[46] Olsoy, P.J., Zeller, K.A., Hicke, J.A., Quigley, H.B., Rabinowitz, A.R., Thornton, D.H. Quantifying the effects of deforestation and fragmentation on a rang–wide conservation plan for jaguars [J]. Biological Conservation, 2016 (203): 8–16.

[47] Opdam, P., Foppen, R., Vos, C. Bridging the gap between ecology and spatial planning in landscape [J]. Landscape Ecology, 2002 (16): 767–779.

[48] Orsi, F., Church, R. L., Geneletti, D. Restoring forest landscapes for biodiversity conservation and rurallivelihoods: A spatial optimisation model [J]. Environmental Modelling and Software, 2011 (26): 1622–1638.

[49] Pickett, S. T. A., Cadenasso, M. L. Landscape ecology: Spatial heterogeneity in ecological systems [J]. Science, 1995 (269): 331–334.

[50] Pieri, C. Planning of sustainable land management: The bierachy of user needs [J]. Geo–information for Sustainable Management. ISSS/ITC. Enschede, 1997 (1): 7–14

[51] Purucker, S. T., Welsh, C. J. E., Stewart R. Netal. Use of habitat–contaminations patial correlation to determine when to performa spatially explicit ecological risk assessment [J]. Ecological Modelling, 2007 (204): 180–192.

[52] Rapport, D. J., Gaudet, C., Karr, J. R., et al. Evaluating landscape health: Integrating societal goals and biophysical process[J]. Journal of Environmental Management, 1998, 53 (1): 1–15.

[53] Ricard, R.C.S., Barlow, J., Andersen, A.N., Schoereder, J.H., Berenguer, E., Ferreira, J.N., Gardner, T.A. Biodiversity consequences of land–use change and forest disturbance in the Amazon: A multi–scale assessment using ant communities [J]. Biological Conservation, 2016 (197): 98–107.

[54] Riitters, K., Wickham, J., O'Neill, R., Jones, K., Smith, E., Coulston, J., Wade, T., Smith, J. Fragmentation of continental United States forests [J]. Ecosystems, 2002 (5): 815–822.

[55] Risser, P. G., Karr, J. R., Forman, R. T. T. Landscape ecology: Directions and approaches [M]. A Workshop Held at Allerton Park, Piatt: County Iillinois, 1984.

[56] Rogers, K.S. Ecological Security and Multinational Corporations [R]. Environmental Change and Security Project Report, 1997 (1): 29–36.

[57] Rouget, M., Cowling R. M., Pressey R. L. Identifying spatial components of ecological and evolutionary processes for regional conservation planning in the Cape Floristic Region, South Africa [J]. Diversity and Distributions, 2003 (9): 191–210.

[58] Saunders, D.A., Hobbs, R.J., Margules, C.R. Biological consequences of ecosystem fragmentation: A review [J]. Conservation Biology, 1991 (5): 18–32.

[59] Segan, D.B., Murray, K.A., Watson, J.E.M. A global assessment of current and future biodiversity vulnerability to habitat loss–climate change interactions [J]. Global Ecology and Con Servation, 2016 (5): 12–21.

[60] Selvi, F., Carrari, E., Coppi, A. Impact of pine invasion on the taxonomic and phylogenetic diversity of a relict Mediterranean forest ecosystem [J]. Forest Ecology and Management, 2016 (367): 1–11.

[61] Sepplt, R., Voinov, A. Optimization methodology for land use patterns using spatially explicit landscape models [J]. Ecological Modelling, 2002 (151): 125–142.

[62] Sepplt, R., Voinov, A. Optimization methodology for land use patterns–evaluation based on multiscale habitat pattern comparison [J]. Ecological Modelling, 2003 (168): 217–231.

[63] Snyder, S., Re Velle, C., Haight, R. One– and two–objective approaches to an area–constrained habitat reservesite selection problem [J]. Biol. Conserv., 2004 (119): 565–574.

[64] Song, W., Deng, X.Z. Land–use/land–cover change and ecosystem service provision in China [J]. Science of the Total Environment, 2017 (576): 705–

719.

[65] Song, W., Pijanowski, B.C. The effects of China's cultivated land balance program on potential land productivity at a national scale [J]. Applied Geography, 2014 (46): 158-170.

[66] Stephen, P., Christopher, C., Carol M. On trade, land-use, and biodiversity [J]. Journal of Environmental Economics and Management, 2004 (48): 911-925.

[67] Stephenne, N., Lambin, E. F. A dynamic simulation model of land-use changes in the African Sahel (SALU) [J]. Agriculture, Ecosystems and Environment, 2001 (85): 145-162.

[68] Steve, Lonergan., Richard, Difrancesco., Ming-Ko, Woo. Climate change and transportation in Northern Canada: An integrated impact assessment [J]. Climatic Change, 1993, 244 (13): 23-31.

[69] Stevens, D., Dragicevic, S., Rothley, K. City: A GIS-CA modelling tool for urban planning and decision making [J]. Environmental Modelling and Software, 2007 (22): 761-773.

[70] Strange, N., Meilby, H., Thorsen, B. J. Optimization of land use in afforestation areas using evolutionary self-organization [J]. For.Sci., 2002 (48): 543-555.

[71] Suter, G. W. H., Vermior, T., Munns, W. R. Jr., et al. Framework for the integration of health and ecological risk assessment [J]. Human and Ecological Risk Assessment, 2003 (9): 281-302.

[72] Thiene, M., Meyerhoff, J., Salvo, M.D. Scale and taste heterogeneity for forest biodiversity: Models of serial nonparticipation and their effects [J]. Journal of Forest Economics, 2012 (18): 355-369.

[73] Tong, C. Review on environmental indicator research [J]. Research on Environmental Science, 2000, 13 (4): 53-55.

[74] Torrens, P.M. New advances in urban simulation: Cellular automata and multi-agent systems as planning support tools [A] // Geertman S., Stillwell J. (Eds.), Planning Support Systems in Practice [M]. Springer-Verlag, London, 2002: 205-

222.

[75] Trolliet, F., Serckx, A., Forget, P.M., Beudels-Jamar, R.C., Huynen. Reach [J]. Biological Conservation, 2016 (203): 55-66.

[76] Turner, M. G. Landscape ecology: The effect of pattern on process [J]. Annual Review of Ecology and Systematic, 1989 (20): 171-179.

[77] Turner, M. G. Predicting the spread of disturbance in heterogeneous landscape [J]. Oikos, 1989 (55): 1221-1229.

[78] Valbuena, D., Verburg, P., Bregt, A., et al. An agent-based approach to model land-use change at a regional scale [J]. Landscape Ecology, 2010, 25 (2): 185-199.

[79] Victor, B. Applying ecological risk principles to watershed assessment and management [J]. Environmental Management, 2002 (29): 145-154.

[80] Vimal, R., Pluvinet, P., Sacca, C., et al. Exploring spatial patterns of vulnerability for diverse biodiversity descriptors in regional conservation planning [J]. Journal of Environmental Management, 2012 (95): 9-16.

[81] Vos, C. C. van der Hoek D.C., Vonk, M. Spatial planning of a climate adaptation zone for wetland Ecosystems [J]. Landscape Ecol, 2010 (25): 1465-1477.

[82] Vuilleumier, S., Perlaz, Droux, R. Map of ecological networks for landscape planning [J]. Landscape and Urban Planning, 2002 (58): 157-170.

[83] Wade, T., Riitters, K., Wickham, J., Jones K. Distribution and causes of global forest fragmentation [J]. Conservation Ecology, 2003, 7 (2): 7.

[84] Wickham, J., Riitters, K., Wade, T., Homer, C. Temporal change in fragmentation of continental US forests [J]. Landscape Ecology, 2008 (23): 891-898.

[85] Wu, J., Hobbs, R. Key issues and research priorities in landscape ecology. An idiosyncratic synthesis [J]. Landscape Ecology, 2002 (17): 355-365.

[86] Wu, J., Jones, B., Li, H., et al. Spatial scaling and uncertainty analysis ecology methods and application [M]. Calunbia University Press, New York, 2004.

[87] Xie, H.L., Kung, C.C., Zhao, Y.L. Spatial disparities of regional forest

land change based on ESDA and GIS at the county level in Beijing-Tianjin-Hebei area [J]. Front. Earth Sci, 2012, 6 (4): 445–452.

[88] Xie, H.L., Liu, Z.F., Wang, P., Liu, G.Y., Lu, F.C. Exploring the mechanisms of ecological land change based on the spatial autoregressive model: A case study of the poyang lake eco-economic zone, China [J]. International Journal of Environmental Research and Public Health, 2014a, 11 (1): 583–599.

[89] Xie, H.L., Wang, P., and Yao, G.R. Exploring the dynamic mechanisms of farmland abandonment based on a spatially explicit economic model for environmental sustainability: A case study in Jiangxi Province, China [J]. Sustainability, 2014b, 6 (3): 1260–1282.

[90] Xie, H.L., He, Y.F., Xie, X. Exploring the factors influencing ecological land change for China's Beijing-Tianjin-Hebei Region using big data [J]. Journal of Cleaner Production, 2017 (142): 677–687.

[91] Xie, Y., Gong, P.C., Han, X., Wen, Y.L. The effect of collective forestland tenure reform in China: Does land parcelization reduce forest management intensity? [J]. Journal of Forest Economics, 2014 (20): 126–140.

[92] Yu, K.J. Security pattern and surface model in landscape ecological planning [J]. Landscape Urban Planning, 1996 (36): 1–17.

[93] Zagasa, T. D., Raptisa, D. I. Identifying and mapping the protective forests of southeast Mt. Olympus as a tool for sustainable ecological and silvicultural planning, in a multi-purpose forest management framework [J]. Ecological Engineering, 2011 (37): 286–293.

[94] Zhao, L. Y., Peng, Z., R. LandSys: An agent-based Cellular Automata model of land use change developed for transportation analysis [J]. Journal of Transport Geography, 2012 (25): 35–49.

[95] Zhao, Y. Z., Zou, Y.Z., Cheng, H., et al. Assessing the ecological security of the Tibetan plateau: Methodology and a case study for Lhaze County [J]. Journal of Environment, 2006, 80 (2): 120–131.

[96] Zhou, N. J., Hubacek, K., Roberts, M. Analysis of spatial patterns of urban growth across South Asia using DMSP-OLS nighttime lights data [J]. Applied

Geography，2015（63）：292-303.

[97] 安佑志，尹占娥，殷杰等.上海市土地利用变化及生态安全风险研究[J].地域研究与开发，2011，30（1）：130-134.

[98] 贝塔朗菲.一般系统论的历史和现状［A］//科学学译文集［M］.北京：科学出版社，1981.

[99] 毕宝德.土地经济学（第四版）［M］.北京：中国人民大学出版社，2004.

[100] 柏益尧，李海莉，程志光等.生态用地与"三地平衡"［J］.环境污染与防治（网络版），2005（1）：7-14.

[101] 蔡运龙，傅泽强，戴尔阜.区域最小人均耕地面积与耕地资源调控[J].地理学报，2002（2）：127-134.

[102] 蔡运龙，李军.土地利用可持续性的度量—— 一种显示过程的综合方法［J］.地理学报，2003（2）：305-313.

[103] 曹雪，罗平，李满春等.基于扩展 CA 模型的土地利用变化时空模拟研究——以深圳市为例［J］.资源科学，2011，33（1）：127-133.

[104] 曹爱霞.兰州市土地利用生态安全评价［D］.甘肃农业大学博士学位论文，2008.

[105] 曹罗丹，李加林.基于遥感与 GIS 的浙江省洪涝灾害综合风险评估研究［J］.自然灾害学报，2015，24（4）：111-119.

[106] 曹敏，范广勤，史照良.基于 MSVM-CA 模型的区域土地利用演变模拟［J］.中国土地科学，2012，26（6）：62-67+1.

[107] 崔胜辉，洪华生，黄云凤，薛雄志.生态安全研究进展［J］.生态学报，2005（4）：861-868.

[108] 常青，刘丹，刘晓文.矿业城市土地损毁生态风险评价与空间防范策略［J］.农业工程学报，2013，29（20）：245-254.

[109] 常青，邱瑶，谢苗苗等.基于土地破坏的矿区生态风险评价：理论与方法［J］.生态学报，2012，32（16）：5164-5174.

[110] 储金龙，王佩，顾康康，汪勇政.山水型城市生态安全格局构建与建设用地开发策略［J］.生态学报，2016，36（23）：7804-7813.

[111] 陈百明，张凤荣.我国土地利用研究的发展态势与重点领域［J］.地理

研究，2011，30（1）：1-9.

[112] 陈传明.武夷山国家级自然保护区景观生态格局分析与评价［J］.生态科学，2015，34（5）：142-146.

[113] 陈辉，刘劲松，曹宇等.生态风险评价研究进展［J］.生态学报，2006，26（5）：1558-1566.

[114] 陈菁，林忠弼，江越，沈金瑞.基于快速城市化的生态风险分析——以福建省为例［J］.湖南师范大学学报（自然科学版），2011，34（1）：80-85.

[115] 陈美婷，匡耀求，黄宁生.基于 RBF 模型的广东省土地生态安全时空演变预警研究［J］.水土保持研究，2015，22（3）：217-224.

[116] 陈爽，刘云霞，彭立华.城市生态空间演变规律及调控机制——以南京市为例［J］.生态学报，2008，28（5）：2270-2278.

[117] 陈涛，杨武年."3S"技术在生态环境动态监测中的应用研究［J］.中国环境监测，2003（19）：19-22.

[118] 陈文波，赵丽红，钱奇霞.鄱阳湖区土地利用安全格局研究［J］.农业工程学报，2008，24（7）：86-90.

[119] 陈星，周成虎.生态安全：国内外研究综述 ［J］.地理科学进展，2005（6）：8-20.

[120] 陈茵茵.区域可持续土地利用评价研究 ［D］.南京农业大学博士学位论文，2008.

[121] 陈勇，洪强，刘艳中，曾向阳，甘勇.地下铁矿山土地生态安全评价——理论方法与实证检验［J］.安全与环境学报，2016，16（3）：366-371.

[122] 陈之荣.最新的地球圈层——人类圈［J］.地理研究，1997（3）：95-100.

[123] 储佩佩，傅梅臣.中国区域土地生态安全与评价研究进展［J］.干旱区资源与环境，2015，29（1）：186-191.

[124] 邓飞，于云江，全占军.区域生态风险评价研究进展［J］.环境科学与技术，2011，34（6）：141-147.

[125] 邓红兵，陈春娣，刘昕，吴钢.区域生态用地的概念及分类［J］.生态学报，2009，29（3）：1519-1524.

[126] 董飞，宋戈.城市区域土地生态安全评价——以哈尔滨市阿城区为例［J］.国土资源情报，2010（4）：41-45.

[127] 杜栋.管理控制学 [M].北京：清华大学出版社，2006.

[128] 杜悦悦，胡熠娜，杨旸，彭建.基于生态重要性和敏感性的西南山地生态安全格局构建——以云南省大理白族自治州为例 [J].生态学报，2017（24）：1-13.

[129] 凡非得，王克林，熊鹰等.西南喀斯特区域水土流失敏感性评价及其空间分异特征 [J].生态学报，2011，31（21）：6353-6362.

[130] 范瑞锭，陈松林，戴菲等.福建省土地利用生态安全评价 [J].福建师范大学学报（自然科学版），2010（5）：97-101.

[131] 方创琳.中国人地关系研究的新进展与展望 [J].地理学报，2004（S1）：21-32.

[132] 冯文斌，李升峰.江苏省土地生态安全评价研究 [J].水土保持通报，2013，33（2）：285-290.

[133] 冯异星，罗格平，尹昌应等.干旱区内陆河流域土地利用程度变化与生态安全评价——以新疆玛纳斯河流域为例 [J].自然资源学报，2009（1）：1921-1932.

[134] 傅伯杰，陈利顶，马克明等.景观生态学原理及其应用 [M].北京：科学出版社，2000.

[135] 傅丽华，谢炳庚，张晔等.长株潭城市群核心区土地利用生态风险评价 [J].自然灾害学报，2011，20（2）：96-101.

[136] 付在毅，许学工.区域生态风险评价 [J].地球科学进展，2001（2）：267-271.

[137] 高桂芹，韩美.区域土地资源生态安全评价 [J].水土保持研究，2005，12（5）：271-273.

[138] 高晓明.应用生态足迹法评价农业生产生态负荷的研究 [D].沈阳农业大学博士学位论文，2009.

[139] 高宇，曹明明，邱海军，戴慧芳，李军.榆林市生态安全预警研究 [J].干旱区资源与环境，2015，29（9）：57-62.

[140] 龚文峰，袁力，党永峰.基于RS、GIS的城市化流域土地利用的生态风险研究——以松花江干流哈尔滨段为例 [J].中国农学通报，2012，28（20）：255-261.

[141] 郭斌，任志远，高孟旭.3S 支持的城市土地利用变化与生态安全评价研究［J］.测绘科学，2012，35（2）：125–129.

[142] 郭春华，史晓颖.我国土地生态安全管理对策建议［J］.环境与可持续发展，2007（1）：17–19.

[143] 郭伟峰，王武科.关中平原人地关系地域系统结构耦合的关联分析［J］.水土保持研究，2009，16（5）：110–115.

[144] 傅伯杰，陈利顶，马诚.土地可持续利用评价的指标体系与方法［J］.自然资源学报，1997（2）：17–23.

[145] 高清竹，许红梅，江源，李玉娥，孙林，康慕谊.黄河中游砒砂岩地区长川流域土地利用/覆盖安全格局初探［J］.农业工程学报，2006,22（3）：51–56.

[146] 高兴国，王磊，齐代华，陈家德，王世敏，张福生.基于 PSR 模型的湿地生态安全评价——以大山包湿地为例［J］.湖南师范大学学报（自然科学版），2013，36（1）：86–90.

[147] 高长波，陈新庚，韦朝海，彭晓春.广东省生态安全状态及趋势定量评价［J］.生态学报，2006（7）：2191–2197.

[148] 邰红娟，蔡广鹏，罗绪强，韩会庆.基于能值分析的贵州省 2000~2010 年耕地生态安全预警研究［J］.水土保持研究，2013，20（6）：307–310.

[149] 古琳，刘波，龚固堂，陈俊华，朱志芳，张海鸥，慕长龙.成都市近20 年林地景观变化特征［J］.应用生态学报，2010，21（5）：1081–1089.

[150] 关文彬，谢春华，马克明，牛健植，赵玉涛，汪西林.景观生态恢复与重建是区域生态安全格局构建的关键途径［J］.生态学报，2003（1）：64–73.

[151] 郭丽英，王道龙，邱建军.环渤海区域土地利用景观格局变化分析［J］.资源科学，2009，31（12）：2144–2149.

[152] 郭中伟，甘雅玲.关于生态系统服务功能的几个科学问题［J］.生物多样性，2003（1）：63–69.

[153] 宫雪，张晟源，李明玉.延吉市城市生态用地空间结构评价［J］.延边大学农学学报，2016，38（1）：24–30.

[154] 韩晨霞，赵旭阳，贺军亮，刘浩杰.石家庄市生态安全动态变化趋势及预警机制研究［J］.地域研究与开发，2010，29（5）：99–103+143.

[155] 何书金，李秀彬，朱会义，张明.环渤海地区耕地利用态势及保护开

发途径 [J]. 地理研究, 2002 (3): 331-338.

[156] 胡海龙, 曾永年, 张鸿辉, 马昕炜. 多智能体与蚁群算法结合选址模型: 长沙市生态用地选址 [J]. 资源科学, 2011, 33 (6): 1211-1217.

[157] 胡和兵, 林逢春, 王红新. 皖南丘陵山区可持续发展的生态足迹分析——以池州市为例 [J]. 资源开发与市场, 2007 (7): 590-593.

[158] 胡柳梅, 谢红彬. 褐色土地再利用的生态和健康风险评价 [J]. 亚热带资源与环境学报, 2013, 8 (3): 15-23.

[159] 黄海, 谭晶今, 陈春, 刘长城. 基于 TOPSIS 方法的山东省土地生态安全动态评价 [J]. 水土保持研究, 2016, 23 (3): 220-224.

[160] 黄蛟. 我国农村与城市土地闲置的原因及对策 [J]. 国土资源, 2010 (8): 48-49.

[161] 黄青, 任志远. 论生态承载力与生态安全 [J]. 干旱区资源与环境, 2004 (2): 11-17.

[162] 黄贤金, 曲福田. 耕地生态经济预警的理论与方法 [J]. 生态经济, 1998 (5): 15-18+23.

[163] 黄志强, 胡宝清, 容溶. 广西喀斯特地区农地生态预警研究 [J]. 绿色科技, 2014 (10): 1-5+8.

[164] 黄震方, 黄睿. 基于人地关系的旅游地理学理论透视与学术创新 [J]. 地理研究, 2015, 34 (1): 15-26.

[165] 侯景艳. 浑河沈阳段生态健康评价的研究 [D]. 沈阳农业大学博士学位论文, 2007.

[166] 蒋依依, 王仰麟, 成升魁. 旅游景观生态系统格局研究方法探讨——以云南省丽江纳西族自治县为例 [J]. 地理研究, 2009, 28 (4): 1069-1077.

[167] 金浩然, 马萍萍, 刘盛和. 林地变化驱动力研究中逻辑回归模型的应用 [J]. 世界林业研究, 2016, 29 (3): 12-17.

[168] 李闯, 刘吉平. 霍林河流域中下游土地利用变化及生态安全响应 [J]. 水土保持研究, 2012, 19 (1): 174-178.

[169] 黎德川, 廖铁军, 刘洪, 郭芙梅, 牟祥, 沈国志. 乐山市土地生态安全预警研究 [J]. 西南大学学报 (自然科学版), 2009, 31 (3): 141-147.

[170] 李锋, 叶亚平, 宋博文, 王如松. 城市生态用地的空间结构及其生态

系统服务动态演变——以常州市为例 [J]. 生态学报，2011，31（19）：5623-5631.

[171] 李桂林，陈杰，孙志英，檀满枝. 基于土壤特征和土地利用变化的土壤质量评价最小数据集确定 [J]. 生态学报，2007（7）：2715-2724.

[172] 李果，吴晓莆，罗遵兰等. 构建我国生物多样性评价的指标体系 [J]. 生物多样性，2011，19（5）：497-504.

[173] 李昊，李世平，银敏华. 中国土地生态安全研究进展与展望 [J]. 干旱区资源与环境，2016，30（9）：50-56.

[174] 李景刚，何春阳，李晓兵. 快速城市化地区自然/半自然景观空间生态风险评价研究——以北京为例 [J]. 自然资源学报，2008，23（1）：33-47.

[175] 李玲，侯淑涛，赵悦，郑绪玲. 基于 P-S-R 模型的河南省土地生态安全评价及预测 [J]. 水土保持研究，2014，21（1）：188-192.

[176] 李明诗，孙力，常瑞雪. 基于 Landsat 图像的南京城市绿地时空动态分析 [J]. 东北林业大学学报，2013，41（6）：55-60.

[177] 李明玉，田丰昊，董玉芝. 延龙图地区城市生态用地生态重要性空间识别与保护 [J]. 地理科学，2016，36（12）：1870-1876.

[178] 李锐，杨勤科，温仲明等. 区域土地利用变化环境效应研究综述 [J]. 水土保持通报，2002，22（2）：65-70.

[179] 李伟峰，欧阳志云，肖燚. 景观生态学原理在城市土地利用分类中的应用 [J] 生态学报，2011，31（3）：593-601.

[180] 李鑫，董斌，孙力等. 基于 TM 像元的湿地土地利用生态风险评价研究 [J]. 水土保持研究，2014，21（4）：114-118+321.

[181] 李谢辉，李景宜. 我国生态风险评价研究 [J]. 干旱区资源与环境，2008，22（3）：70-74.

[182] 李潇然，李阳兵，王永艳，邵景安. 三峡库区县域景观生态安全格局识别与功能分区——以奉节县为例 [J]. 生态学杂志，2015，34（7）：1959-1967.

[183] 李秀彬. 土地利用变化的解释 [J]. 地理科学进展，2002（3）：195-203.

[184] 李秀芝. 北戴河新区耕地景观生态安全时空变化研究 [J]. 中国农业资源与区划，2017，38（3）：59-64.

[185] 李益敏，管成文，朱军，余艳红. 基于加权叠加模型的高原湖泊流域

重要生态用地识别——以星云湖流域为例 [J]. 长江流域资源与环境，2017，26（8）：1251–1259.

[186] 李咏红，香宝，袁兴中，刘孝富. 区域尺度景观生态安全格局构建——以成渝经济区为例 [J]. 草地学报，2013，21（1）：18–24.

[187] 李玉平，蔡运龙. 河北省土地安全评价 [J]. 北京大学学报（自然科学版），2007，2（3）：1–6.

[188] 李赛红，马其芳. 区域土地利用生态安全研究进展 [J]. 国土与自然资源研究，2012，19（2）：41–44.

[189] 李志斌，陈佑启，姚艳敏，石淑芹，何英彬，郭斌. 基于 GIS 的区域性耕地预警信息系统设计 [J]. 农业现代化研究，2007（1）：57–60.

[190] 廖明辉. 生态经济系统演化机制初探——兼论生态经济耗散结构性 [J]. 生态经济，1990（2）：40–41+18.

[191] 林培. 土地资源学 [M]. 北京：中国农业大学出版社，1996.

[192] 林彰平，刘湘南. 东北农牧交错带土地利用生态安全模式案例研究 [J]. 生态学杂志，2002（6）：15–19.

[193] 刘东生，谢晨，刘建杰，袁梅，彭伟，黄东. 退耕还林的研究进展、理论框架与经济影响——基于全国 100 个退耕还林县 10 年的连续监测结果 [J]. 北京林业大学学报（社会科学版），2011，10（3）：74–81.

[194] 刘家明. 旅游度假区的景观生态设计思路 [J]. 人文地理，2004（1）：82–85.

[195] 刘黎明. 土地资源学 [M]. 北京：中国农业大学出版社，2004.

[196] 刘庆，陈利根，舒帮荣，胡雁娟. 长株潭城市群土地生态安全动态评价研究 [J]. 长江流域资源与环境，2010，19（10）：1192–1197.

[197] 刘盛佳. 吴传钧院士的人文地理思想与人地关系地域系统学说 [J]. 地理科学进展，1998（1）：12–18.

[198] 刘卫东. 城市土地持续利用研究的任务 [J]. 中国土地，1996（12）：15–16.

[199] 刘昕，谷雨，邓红兵. 江西省生态用地保护重要性评价研究 [J]. 中国环境科学，2010，30（5）：716–720.

[200] 刘晓，苏维词，王铮等. 基于 RRM 模型的三峡库区重庆开县消落区土

地利用生态风险评价［J］. 环境科学学报，2012，32（1）：248-256.

［201］刘小平，黎夏，艾彬，陶海燕，伍少坤，刘涛. 基于多智能体的土地利用模拟与规划模型［J］. 地理学报，2006（10）：1101-1112.

［202］刘小平，黎夏，彭晓鹃."生态位"元胞自动机在土地可持续规划模型中的应用［J］. 生态学报，2007（6）：2391-2402.

［203］刘纪远等. 20 世纪 80 年代末以来中国土地利用变化的基本特征与空间格局［J］. 地理学报，2014，69（1）：3-14.

［204］刘凌冰，李世平. 西北荒漠化地区土地生态安全评价——以酒泉市为例［J］. 水土保持研究，2014，21（4）：190-194＋202.

［205］陆大道，郭来喜. 地理学的研究核心——人地关系地域系统——论吴传钧院士的地理学思想与学术贡献［J］. 地理学报，1998（2）：3-11.

［206］陆大道. 中国人文地理学发展的机遇与任务［J］. 地理学报，2004（S1）：3-7.

［207］陆大道. 春风化雨润物无声——贺毕生走治学和创业并重道路的吴传钧老师 90 华诞［J］. 地理学报，2008（4）：339-345.

［208］陆均良，孙怡. 水利风景区生态信息构成与生态预警控制研究［J］. 水利经济，2010，28（6）：53-56+60+72.

［209］陆汝成，黄贤金，左天惠等. 基于 CLUE-S 和 Markov 复合模型的土地利用情景模拟研究——以江苏省环太湖地区为例［J］. 地理科学，2009，29（4）：577-581.

［210］刘树臣，肖庆辉. 可持续发展——地质学家的作用与地位［A］// 中国地质矿产信息院. 走向 21 世纪的地学与矿产资源［M］. 北京：地质出版社，1996.

［211］刘彦随. 区域土地利用系统优化调控的机理与模式［J］. 资源科学，1999（4）：63-68.

［212］刘勇，刘友兆，徐萍. 区域土地资源生态安全评价——以浙江嘉兴市为例［J］. 资源科学，2004，26（3）：69-75.

［213］刘勇，邢育刚，李晋昌. 土地生态风险评价的理论基础及模型构建［J］. 中国土地科学，2012，26（6）：20-25.

［214］陆威，赵源，冯薪霖，朱艳婷，常毅. 土地资源生态安全研究综述

[J].中国农学通报，2016，32（32）：88-93.

[215] 陆禹，佘济云，陈彩虹，佘宇晨，罗改改.基于粒度反推法的景观生态安全格局优化——以海口市秀英区为例 [J].生态学报，2015，35（19）：6384-6393.

[216] 刘庆，陈利根.长株潭地区土地可持续利用综合评价及空间分区 [J].农业工程学报，2013，29（6）：245-253.

[217] 罗静，曾菊新.城市化进程中的土地稀缺性与政府管制 [J].中国土地科学，2004（5）：16-20.

[218] 罗娅，杨胜天，刘晓燕，刘昌明，宋文龙，董国涛，赵海根，娄和震.黄河河口镇—潼关区间 1998~2010 年土地利用变化特征 [J].地理学报，2014，69（1）：42-53.

[219] 罗贞礼.土地利用生态安全评价指标体系的系统聚类分析 [J].湖南地质，2002，21（4）：252-254.

[220] 马彩虹.基于 GIS 的黄土台源区土地资源开发利用与生态风险分析 [D].陕西师范大学博士学位论文，2013.

[221] 马红莉，盖艾鸿.基于熵权婺源模型的青海省土地生态安全评价 [J].中国农学通报，2013，29（6）：245-253.

[222] 马克明，傅伯杰，黎晓亚，关文彬.区域生态安全格局：概念与理论基础 [J].生态学报，2004（4）：761-768.

[223] 马泉来，高凤杰，张志民，韩文文，刘洋，单培明.东北农林交错区土地利用景观及生态服务价值变化 [J].水土保持通报，2016，36（1）：265-271+345.

[224] 马世五，谢德体，张孝成，彭正涛，洪惠坤，罗卓，肖玖金.三峡库区生态敏感区土地生态安全预警测度与时空演变——以重庆市万州区为例[J].生态学报，2017（24）：1-14.

[225] 马晓钰，叶小勇.新疆"脆弱生态环境—人口"系统安全预警机制初探 [J].生态经济，2012（1）：176-178+186.

[226] 马玉研，马艳敏，于万辉等.松嫩平原土地利用生态安全评价与预测 [J].水土保持通报，2014，34（2）：262-266.

[227] 马志昂，盖艾鸿，程久苗.基于 BP 人工神经网络的区域土地生态安

全评价研究——以安徽省为例 [J]. 中国农学通报，2014，30（23）：289–295.

[228] 毛汉英. 县域经济和社会同人口、资源、环境协调发展研究 [J]. 地理学报，1991（4）：385–395.

[229] 孟展，张锐，刘友兆等. 基于熵值法和灰色预测模型的土地生态系统健康评价 [J]. 水土保持通报，2014，34（4）：226–231.

[230] 聂云峰，陈红顺，夏斌，冯里涛. 基于多智能体与 GIS 城市土地利用变化仿真研究 [J]. 计算机应用研究，2009，26（7）：2613–2616.

[231] 牛叔文，秦静，孙红杰，丁永霞，赵春升. 地形约束下的西部山区农业生产用地可持续利用评价——以甘肃南部山区 26 县为例 [J]. 资源科学，2010，32（1）：50–56.

[232] 欧阳志云，李小马，徐卫华，李煜珊，郑华，王效科. 北京市生态用地规划与管理对策 [J]. 生态学报，2015，35（11）：3778–3787.

[233] 潘根兴，高民，胡国华，魏钦平，杨晓光，张文忠，周广胜，邹建文. 气候变化对中国农业生产的影响 [J]. 农业环境科学学报，2011，30（9）：1698–1706.

[234] 潘竟虎，石培基，刘英英. 干旱区县域土地利用规划环境影响的生态安全评价——以张掖市甘州区为例 [J]. 水土保持通报，2012，10（1）：102–107.

[235] 庞雅颂，王琳. 区域生态安全评价方法综述 [J]. 中国人口·资源与环境，2014，24（S1）：340–344.

[236] 彭建，王仰麟，刘松，吴健生，李卫锋. 景观生态学与土地可持续利用研究 [J]. 北京大学学报（自然科学版），2004（1）：154–160.

[237] 彭文君，舒英格. 典型石漠化地区土地覆被变化对生态环境的影响——以贵州省晴隆县为例 [J]. 江苏农业科学，2017（14）：200–206.

[238] 彭文君，舒英格. 喀斯特山区县域耕地景观生态安全及演变过程 [J]. 生态学报，2018（3）：1–14.

[239] 彭羽，卿凤婷，米凯等. 生物多样性不同层次尺度效应及其耦合关系研究进展 [J]. 生态学报，2015，35（2）：577–583.

[240] 朴昌根. 系统科学论 [M]. 西安：陕西科学技术出版社，1998.

[241] 秦向东，闵庆文. 元胞自动机在景观格局优化中的应用 [J]. 资源科学，2007（4）：85–91.

[242] 全泉，田光进，沙默泉. 基于多智能体与元胞自动机的上海城市扩展动态模拟 [J]. 生态学报，2011（10）：2875-2887.

[243] 曲衍波. 基于 GIS 的山区县域土地生态安全评价与土地利用优化调控研究 [D]. 山东农业大学博士学位论文，2008.

[244] 曲衍波，齐伟，商冉，李乐. 基于 GIS 的山区县域土地生态安全评价 [J]. 中国土地科学，2008（4）：38-44.

[245] 任启平. 人地关系地域系统结构研究 [D]. 东北师范大学博士学位论文，2005.

[246] 荣冰凌，李栋，谢映霞. 中小尺度生态用地规划方法 [J]. 生态学报，2011，31（18）：5351-5357.

[247] 荣联伟，师学义，高奇，杨静，李炳意. 黄土高原山丘区土地生态安全动态评价及预测 [J]. 水土保持研究，2015，22（3）：210-216.

[248] 邵晓梅. 基于 GIS 与景观生态学的土壤资源格局分析——以鲁西北地区为例 [J]. 中国农业资源与区划，2004（6）：14-19.

[249] 尚海龙，潘玉君. 西安市人地关系协调状态评价及动态预测 [J]. 人文地理，2013，28（2）：104-110+90.

[250] 申元村. 土地资源结构及其功能的研究——以宁夏、甘肃干旱区为例 [J]. 地理学报，1992（6）：489-498.

[251] 石浩朋，于开芹，冯永军. 基于景观结构的城乡结合部生态风险分析——以泰安市岱岳区为例 [J]. 应用生态学报，2013，24（3）：705-712.

[252] 时卉，杨兆萍，韩芳，石天戈，栾福明. 新疆天池景区生态安全度时空分异特征与驱动机制 [J]. 地理科学进展，2013，32（3）：475-485.

[253] 宋晓媚，周忠学，王明. 城市化进程中都市农业景观变化及其生态安全评价——以西安市为例 [J]. 冰川冻土，2015，37（3）：835-844.

[254] 苏伟忠，杨桂山，甄峰. 生态用地破碎度及演化机制——以长江三角洲为例 [J]. 城市问题，2007（9）：7-11+19.

[255] 苏泳娴，张虹鸥，陈修治等. 佛山市高明区生态安全格局和建设用地扩展预案 [J]. 生态学报，2013，33（5）：1524-1534.

[256] 孙芬，吴涌泉，刘秀华，杨柳，钱昱如. 基于 GIS 的三峡库区土地生态安全评价——以丰都县沿江地区为例 [J]. 中国农学通报，2012，28（8）：240-

247.

[257] 孙峰华，朱传耿，王振波，孙东琪. TRIZ：研究人地关系问题的一种新的理论与方法 [J]. 地理研究，2012，31（10）：1737-1748.

[258] 孙奇奇，宋戈，齐美玲. 基于主成分分析的哈尔滨市土地生态安全评价 [J]. 水土保持研究，2012，19（1）：234-238.

[259] 孙翔，朱晓东，李杨帆. 港湾快速城市化地区景观生态安全评价——以厦门市为例 [J]. 生态学报，2008（8）：3563-3573.

[260] 陶然，徐志刚，徐晋涛. 退耕还林、粮食政策与可持续发展 [J]. 中国社会科学，2004（6）：25-38+204.

[261] 谈娟娟，董增川，方庆，徐伟，付晓花. 滦河流域景观生态健康演变及驱动力分析 [J]. 中国农村水利水电，2015（9）：47-51.

[262] 谭敏，孔祥斌，段建南，范文洋，余强毅，张青璞. 基于生态安全角度的城镇村建设用地空间预警——以北京市房山区为例 [J]. 中国土地科学，2010，24（2）：31-37.

[263] 唐双娥. 法学视角下生态用地的内涵与外延 [J]. 生态经济，2009（7）：190-193.

[264] 汤旭，冯彦，王慧，张大红. 湖南省县域森林生态安全评价与时空分析 [J]. 南京林业大学学报（自然科学版），2017（9）：1-22.

[265] 田丰昊. 延龙图地区城市生态用地评价与空间格局优化研究 [D]. 延边大学博士学位论文，2016.

[266] 田劲松，过家春，刘琳，江竹华. 基于 GIS 和景观生态学的土地整理景观研究 [J]. 国土资源遥感，2011（1）：110-114.

[267] 田克明，王国强. 我国农用地生态安全评价及其方法讨论 [J]. 地域研究与开发，2005，24（4）：79-82.

[268] 童新芳. 武鸣县生态用地划分及保护对策研究 [D]. 广西师范学院博士学位论文，2011.

[269] 王枫，刘小玲，袁中友. 区域土地生态安全突变评价模型及其实证 [J]. 统计与决策，2009（24）：85-87.

[270] 王根绪，程国栋，钱鞠. 生态安全评价研究中的若干问题 [J]. 应用生态学报，2003，14（9）：1551-1556.

[271] 王根绪，邓伟，杨燕，程根伟. 山地生态学的研究进展、重点领域与趋势 [J]. 山地学报，2011，29（2）：129-140.

[272] 王耕，王利，吴伟. 区域生态安全概念及评价体系的再认识 [J]. 生态学报，2007（4）：1627-1637.

[273] 王耕，吴伟. 区域生态安全预警指数——以辽河流域为例 [J]. 生态学报，2008（8）：3535-3542.

[274] 王鹏，况福民，邓育武，田亚平，易锋. 基于主成分分析的衡阳市土地生态安全评价 [J]. 经济地理，2015，35（1）：168-172.

[275] 王让会，宁虎森. $CO_2$ 减排林特征及生态预警分析 [J]. 湖北大学学报（自然科学版），2016，38（1）：25-31.

[276] 王济川，郭志刚. Logistic 回归模型——方法与应用 [M]. 北京：高等教育出版社，2001.

[277] 王瑾，张广磊. 建立健全生态安全预警机制，维护生态安全——从法律与政策层面完善生态安全预警机制 [J]. 商品与质量，2011（S8）：164.

[278] 王洁，李锋，钱谊，殷春雪. 基于生态服务的城乡景观生态安全格局的构建 [J]. 环境科学与技术，2012，35（11）：199-205.

[279] 王娇，程维明，祁生林等. 基于 USLE 和 GIS 的水土流失敏感性空间分析——以河北太行山区为例 [J]. 地理研究，2014，33（4）：614-624.

[280] 王军，赵金龙，崔秀丽，甄明涛，刘宇鹏，何铃，董谦. 建立河北省农业生态安全预警机制的理论探讨 [J]. 生态经济，2007（5）：130-133.

[281] 王军，钟莉娜. 景观生态学在土地整治中的应用研究进展 [J]. 生态学报，2017，37（12）：3982-3990.

[282] 王娟，崔保山，刘杰等. 云南澜沧江流域土地利用及其变化对景观生态风险的影响 [J]. 环境科学学报，2008，28（2）：269-277.

[283] 王娟，盖艾鸿，谢保鹏，孙林军，刘静. 基于 GIS 的土地生态安全综合评价——以合水县为例 [J]. 甘肃农业大学学报，2015，50（1）：147-153.

[284] 王鹏，曾辉. 基于 EKC 模型的经济增长与城市土地生态安全关系研究 [J]. 生态环境学报，2013，22（2）：351-356.

[285] 王强，杨京平. 我国草地退化及其生态安全评价指标体系的探索 [J]. 水土保持学报，2003，17（16）：27-31.

[286] 王天山，郑寒. 城市化过程中环洱海区域土地利用及景观格局变化分析 [J]. 生态经济，2016，32（1）：181–185.

[287] 王婷婷，蒋知栋，杨耀淇，余洋，乔志勇，林杉. 农村生态文明建设中的环境污染问题与治理对策 [J]. 贵州农业科学，2013，41（10）：203–208.

[288] 王伟，孙雷. 区域创新系统与产业转型耦合协调度分析——以铜陵市为例 [J]. 地理科学，2016，36（2）：204–212.

[289] 王雪，杨庆媛，何春燕等. 基于 P-S-R 模型的生态涵养发展型区域土地生态安全评价——以重庆市丰都县为例 [J]. 水土保持研究，2014，21（3）：169–175.

[290] 王怡睿，石培基，张学斌，胡艳兴，谢作轮. 转移流视角下甘州区土地利用动态变化及空间集聚特征 [J]. 土壤，2016，48（4）：793–802.

[291] 王玉明. 地理环境演化趋势的熵变化分析 [J]. 地理学报，2011，66（11）：1508–1517.

[292] 王智平，胡春胜. 村落与农田及土地利用关系的生态学探讨 [J]. 生态学杂志，1999（1）：74–78.

[293] 王志涛，哈凯，门明新. 沽源县生态用地重要性识别及生态用地类型划定 [J]. 土壤通报，2016，47（4）：769–776.

[294] 王珠娜，潘磊，余雪标，史玉虎. 退耕还林生态效益评价研究进展 [J]. 西南林学院学报，2007（1）：91–96.

[295] 魏菲宇. 现代景观生态设计的思索与实践 [J]. 沈阳建筑大学学报（社会科学版），2006（4）：326–329.

[296] 魏辅文，聂永刚，苗海霞，路浩，胡义波. 生物多样性丧失机制研究进展 [J]. 科学通报，2014，59（6）：430–437.

[297] 魏宏森. 辩证地认识高技术对人与自然系统影响的两重性 [J]. 自然辩证法研究，1995（10）：66.

[298] 魏后凯，张燕. 全面推进中国城镇化绿色转型的思路与举措 [J]. 经济纵横，2011（9）：15–19.

[299] 魏华杰. 广西人地关系现状、趋势与优化对策研究 [D]. 广西师范大学博士学位论文，2012.

[300] 韦仕川，吴次芳，杨杨等. 基于 RS 和 GIS 的黄河三角洲土地利用变

化及生态安全研究——以东营市为例 [J]. 水土保持学报，2008，22（1）：185-189.

[301] 文博，朱高立，夏敏，张开亮，刘友兆，王玮. 基于景观安全格局理论的宜兴市生态用地分类保护 [J]. 生态学报，2017，37（11）：3881-3891.

[302] 温晓金，杨海娟，刘焱序等. 陕北能源富集区工业化过程与生态风险格局 [J]. 生态学杂志，2013，32（6）：1578-1586.

[303] 吴传钧. 论地理学的研究核心——人地关系地域系统 [J]. 经济地理，1991（3）：1-6.

[304] 吴次芳，鲍海君等. 土地资源安全研究的理论与方法 [M]. 北京：气象出版社，2004.

[305] 吴冠岑. 区域土地生态安全预警研究 [D]. 南京农业大学博士学位论文，2008.

[306] 吴冠岑，牛星. 土地生态安全预警的惩罚型变权评价模型及应用——以淮安市为例 [J]. 资源科学，2010，32（5）：992-999.

[307] 武剑，杨爱婷. 基于 ESDA 和 CSDA 的京津冀区域经济空间结构实证分析 [J]. 中国软科学，2010（3）：111-119.

[308] 邬建国. 景观生态学——概念与理论 [J]. 生态学杂志，2000，19（1）：42-52.

[309] 邬建国. 景观生态学：格局、过程、尺度与等级 [M]. 北京：高等教育出版社，2000.

[310] 吴健生，乔娜，彭建等. 露天矿区景观生态风险空间分异 [J]. 生态学报，2013，33（12）：3816-3824.

[311] 吴巍，王红英. 城市化进程中景观生态设计的理论探讨 [J]. 生态经济，2011（2）：163-165.

[312] 吴未，谢嗣频. 中国土地生态安全评价研究进展与展望 [J]. 河北农业科学，2010，14（5）：99-102+159.

[313] 肖笃宁. 景观生态学：理论、方法及应用 [M]. 北京：中国林业出版社，1991.

[314] 肖武，李素萃，梁苏妍，徐建飞，吕雪娇，隋涛，汤曾伟，Yin Xiangyu. 土地整治生态景观效应评价方法及应用 [J]. 中国农业大学学报，2017，22（7）：152-162.

［315］谢花林. 土地利用生态安全格局进展［J］. 生态学报，2008，28（12）：6305-6311.

［316］谢花林. 基于 Logistic 回归模型的区域生态用地演变影响因素分析——以京津冀地区为例［J］. 资源科学，2011，33（11）：2063-2070.

［317］谢花林. 基于景观结构的土地利用生态风险空间特征分析——以江西兴国县为例［J］. 中国环境科学，2011，31（4）：688-695.

［318］谢花林. 基于景观结构和空间统计学的区域生态风险分析［J］. 生态学报，2008，28（10）：5020-5026.

［319］谢花林，李秀彬. 基于 GIS 的区域关键性生态用地空间结构识别方法探讨［J］. 资源科学，2011，33（1）：112-119.

［320］谢花林，邹金浪，彭小琳. 基于能值的鄱阳湖生态经济区耕地利用集约度时空差异分析［J］. 地理学报，2012，67（7）：889-902.

［321］谢花林. 典型农牧交错区农业生态系统健康测度及其持续利用对策——以赤峰市为例［J］. 资源科学，2009，31（7）：1257-1263.

［322］谢莹，张明祥. 国际重要湿地生态预警指标及响应机制研究［J］. 湖北林业科技，2014，43（1）：43-47.

［323］谢余初，巩杰，张玲玲. 基于 PSR 模型的白龙江流域景观生态安全时空变化［J］. 地理科学，2015，35（6）：790-797.

［324］熊勇，赵翠薇. 山地城镇化进程中土地生态安全动态评价研究——以贵阳市为例［J］. 水土保持研究，2014，21（4）：195-202.

［325］许慧，王家骥. 景观生态学的理论与应用［M］. 北京：中国环境科学出版社，1993.

［326］徐美，朱翔，刘春腊. 基于 RBF 的湖南省土地生态安全动态预警［J］. 地理学报，2012，67（10）：1411-1422.

［327］徐美，朱翔，李静芝. 基于 DPSIR-TOPSIS 模型的湖南省土地生态安全评价［J］. 冰川冻土，2012，34（5）：1265-1272.

［328］徐新良，刘纪远，庄大方，张树文. 中国林地资源时空动态特征及驱动力分析［J］. 北京林业大学学报，2004（1）：41-46.

［329］徐学选，张世彪，王栓全. 黄土丘陵区生态建设中农林牧土地结构优化模式探讨［J］. 干旱地区农业研究，2001（2）：94-99.

[330] 许妍, 高俊峰, 高永年. 基于土地利用动态变化的太湖地区景观生态风险评价 [J]. 湖泊科学, 2011, 23 (4): 642-648.

[331] 许月卿, 田媛, 孙丕苓. 基于 Logistic 回归模型的张家口市土地利用变化驱动力及建设用地增加空间模拟研究 [J]. 北京大学学报 (自然科学版), 2015, 51 (5): 955-964.

[332] 许艳, 濮励杰. 江苏海岸带滩涂围垦区土地利用类型变化研究——以江苏省如东县为例 [J]. 自然资源学报, 2014, 29 (4): 643-652.

[333] 严超, 张安明, 吴仕海. 基于 GM (1, 1) 模型的土地生态安全动态分析与预测——以安徽省池州市为例 [J]. 西南大学学报 (自然科学版), 2015, 37 (2): 103-109.

[334] 闫玉玉. 生态用地保护的景观安全格局规划途径 [D]. 浙江大学博士学位论文, 2016.

[335] 杨青生, 黎夏. 多智能体与元胞自动机结合及城市用地扩张模拟 [J]. 地理科学, 2007 (4): 542-548.

[336] 杨青山, 刘继斌. 区域人类社会与自然环境相互作用的类型分析及其实践意义 [J]. 人文地理, 2005 (6): 111-114.

[337] 杨青生, 乔纪纲, 艾彬. 快速城市化地区景观生态安全时空演化过程分析——以东莞市为例 [J]. 生态学报, 2013, 33 (4): 1230-1239.

[338] 杨娟, 王昌全, 夏建国等. 基于元胞自动机的土地利用空间规划辅助研究——以眉山市东坡区为例 [J]. 土壤学报, 2010, 47 (5): 847-856.

[339] 杨爽, 冯晓明, 陈利顶. 土地利用变化的时空分异特征及驱动机制——以北京市海淀区、延庆县为例 [J]. 生态学报, 2009, 29 (8): 4501-4511.

[340] 杨小雄, 刘耀林, 王晓红, 段滔. 基于约束条件的元胞自动机土地利用规划布局模型 [J]. 武汉大学学报 (信息科学版), 2007 (12): 1164-1167+1185.

[341] 叶长盛, 冯艳芬. 基于土地利用变化的珠江三角洲生态风险评价 [J]. 农业工程学报, 2013, 29 (19): 224-232+294.

[342] 殷贺, 王仰麟, 蔡佳亮等. 区域生态风险评价研究进展 [J]. 生态学杂志, 2009, 28 (5): 969-975.

[343] 游巍斌, 何东进, 巫丽芸, 洪伟, 詹仕华, 覃德华, 游惠明. 武夷山

风景名胜区景观生态安全度时空分异规律［J］.生态学报，2011，31（21）：6317-6327.

［344］余敦，高群，欧阳龙华.鄱阳湖生态经济区土地生态安全警情研究［J］.长江流域资源与环境，2012，21（6）：678-683.

［345］喻锋，李晓兵，王宏等.皇甫川流域土地利用变化与生态安全评价［J］.地理学报，2006，61（6）：645-653.

［346］于海洋，张飞，王娟，周梅.土地经济生态位在县域景观格局分析中的应用——以新疆精河县为例［J］.应用生态学报，2015，26（12）：3849-3857.

［347］俞孔坚.景观：文化、生态与感知［M］.北京：科学出版社，1998.

［348］俞孔坚，李迪华，吉庆萍.景观与城市的生态设计：概念与原理［J］.中国园林，2001（6）：3-10.

［349］俞孔坚，李海龙，李迪华等.国土尺度生态安全格局［J］.生态学报，2009，29（10）：5163-5175.

［350］俞孔坚，乔青，李迪华，袁弘，王思思.基于景观安全格局分析的生态用地研究——以北京市东三乡为例［J］.应用生态学报，2009，20（8）：1932-1939.

［351］袁家根.区域生态用地识别及空间管理策略研究［D］.西北大学博士学位论文，2016.

［352］袁林，刘志辉，李民.新疆霍城县土地生态安全评价［J］.新疆农业科学，2010，47（1）：157-162.

［353］岳健，张雪梅.关于我国土地利用分类问题的讨论［J］.干旱区地理，2003（1）：78-88.

［354］臧淑英，梁欣，张思冲.基于 GIS 的大庆市土地利用生态风险分析［J］.自然灾害学报，2005，14（4）：141-145.

［355］曾浩，张中旺，张红，马喜.BP 神经网络方法在城市土地生态安全评价中的应用——以武汉市为例［J］.安徽农业科学，2011，39（33）：20687-20689+20740.

［356］曾招兵，陈效民，李英升等.上海市青浦区生态用地建设评价指标体系研究［J］.中国农学通报，2007，23（11）：328-332.

［357］翟文侠，黄贤金.我国耕地保护政策运行效果分析［J］.中国土地科学，

2003（2）：8-13.

[358] 战金艳，史娜娜，闫海明，林英志.江西省林地面积变化原因探析[J].自然资源学报，2011，26（2）：335-343.

[359] 张兵，金凤君，董晓峰.甘肃中部地区景观生态格局与土地利用变化研究[J].地理科学进展，2005（3）：34-43.

[360] 张德平，李德重，刘克顺.规划修编，别落了生态用地[J].中国土地2006（12）：26-27.

[361] 张虹波，刘黎明.土地资源生态安全研究进展与展望[J].地理科学进展，2006（5）：77-85.

[362] 张红旗，王立新，贾宝全.西北干旱区生态用地概念及其功能分类研究[J].中国生态农业学报，2004（2）：10-13.

[363] 张惠远，王仰麟.土地资源利用的景观生态优化方法[J].地学前沿，2000（S2）：112-120.

[364] 张利，陈影，王树涛，门明新，许皞.滨海快速城市化地区土地生态安全评价与预警——以曹妃甸新区为例[J].应用生态学报，2015，26（8）：2445-2454.

[365] 张林波，李伟涛，王维，熊严军.基于GIS的城市最小生态用地空间分析模型研究——以深圳市为例[J].自然资源学报，2008（1）：69-78.

[366] 张清军，鲁俊娜，程从勉.区域土地资源生态安全评价——以石家庄市为例[J].湖北农业科学，2011，50（6）：1122-1127.

[367] 张强，薛惠锋，张明军，刘雪艳.基于可拓分析的区域生态安全预警模型及应用——以陕西省为例[J].生态学报，2010，30（16）：4277-4286.

[368] 张秋霞，张合兵，刘文锴，刘怡真.新郑市耕地生态安全动态预警研究[J].水土保持研究，2017，24（1）：256-264.

[369] 张晟源.延吉市城市生态用地空间结构评价[D].延边大学博士学位论文，2015.

[370] 张晓嫒，周启刚，张建军.基于综合模糊评价的三峡库区屏障带重庆段土地利用生态风险评价[J].水土保持研究，2013，20（6）：262-266+301.

[371] 张祥义，许皞，刘名冲，丁庆龙，王颖，赵文廷.基于熵权物元模型的耕地生态安全评价研究——以河北省肥乡县为例[J].土壤通报，2014，45（1）：

18–23.

[372] 张桃林，潘剑君，赵其国. 土壤质量研究进展与方向 [J]. 土壤，1999（1）：2–8.

[373] 张智光. 人类文明与生态安全：共生空间的演化理论 [J]. 中国人口·资源与环境，2013，23（7）：1–8.

[374] 赵冠伟，龚建周，谢建华，李江涛. 基于 CA 模型的城市边缘区土地利用演变模拟——以广州市花都区为例 [J]. 中国土地科学，2009，23（12）：56–62.

[375] 赵米金，徐涛. 土地利用/土地覆被变化环境效应研究 [J]. 水土保持研究，2005，12（1）：43–46.

[376] 赵晓波. 新古典理论框架下土地要素与经济增长关系的理论研究 [J]. 商业时代，2013（11）：25–26.

[377] 赵筱青，和春兰. 外来树种桉树引种的景观生态安全格局 [J]. 生态学报，2013，33（6）：1860–1871.

[378] 赵筱青，王兴友，谢鹏飞，张龙飞. 基于结构与功能安全性的景观生态安全时空变化——以人工园林大面积种植区西盟县为例 [J]. 地理研究，2015，34（8）：1581–1591.

[379] 赵小娜. 基于景观安全格局的延龙图地区生态用地保护研究 [D]. 延边大学博士学位论文，2017.

[380] 赵艳，杜耘. 人类活动与武汉市自然地理环境 [J]. 长江流域资源与环境，1998（3）：87–92.

[381] 赵岩洁，李阳兵，邵景安. 基于土地利用变化的三峡库区小流域生态风险安全评价——以草堂溪为例 [J]. 自然资源学报，2013，28（6）：944–956.

[382] 郑度. 21 世纪人地关系研究前瞻 [J]. 地理研究，2002（1）：9–13.

[383] 郑子豪，陈颖彪，吴志峰，胡应龙. 基于多源遥感的城市生态用地识别及生态风险评价 [J]. 城市观察，2017（3）：19–30.

[384] 钟学斌，刘成武，陈锐凯. 基于生态补偿的低丘岗地改造与景观生态设计 [J]. 水土保持研究，2012，19（4）：147–152.

[385] 钟文平，刘文，章璐. 基于土地现状调查的中国土地利用分类浅析 [J]. 广东土地科学，2014，13（5）：45–48.

[386] 钟振宇，柴立元，刘益贵，陈灿. 基于层次分析法的洞庭湖生态安全评估 [J]. 中国环境科学，2010，30（S1）：41-45.

[387] 周国富. 生态安全与生态安全研究 [J]. 贵州师范大学学报（自然科学版），2003（3）：105-108.

[388] 周锐，王新军，苏海龙，娄翼来. 平顶山新区生态用地的识别与安全格局构建 [J]. 生态学报，2015，35（6）：2003-2012.

[389] 周联，蒙吉军，齐杨，彭福利. 中国生态用地重要性及其格局优化研究进展 [J]. 生态学杂志，2016，35（1）：218-225.

[390] 周朕，蒙吉军. 基于改进生态足迹模型与生态重要性识别的最小生态用地优化——黑河中游案例研究 [J]. 干旱区地理，2016，39（3）：513-520.

[391] 周小萍，陈百明，王秀芬. 区域农业土地可持续利用的空间尺度效应分析——以京津冀地区为例 [J]. 经济地理，2006（1）：100-105.

[392] 周毅. 人的自然与自然的人——21 世纪人口与资源环境可持续发展 [J]. 地球学报，1998（3）：102-111.

[393] 周子英. 土地利用及其功能变化研究 [D]. 湖南农业大学博士学位论文，2012.

[394] 庄伟，廖和平，潘卓，杨伟，李涛，张甜. 基于变权 TOPSIS 模型的三峡库区土地生态安全评估——以巫山县为例 [J]. 西南大学学报（自然科学版），2014，36（8）：106-112.

[395] 邹长新，徐梦佳，高吉喜，杨姗姗. 全国重要生态功能区生态安全评价 [J]. 生态与农村环境学报，2014，30（6）：688-693.

[396] 左伟，王桥，王文杰. 区域生态安全评价指标与标准研究 [J]. 地理学与国土研究，2002，18（1）：67-71.